Mis Vivencias en Salinas

porque yo soy de allí...

Roberto Quiñones Rivera

Ediciones
Abeyno

Copyright © 2014 Roberto Quiñones Rivera

Todos los derechos reservados.

ISBN-13: 978-1496093417

Mis Vivencias en Salinas

porque yo soy de allí...

DEDICATORIA

Este es mi primer libro. Con todo mi amor y cariño se lo dedico a Camille Marie Aguirre Quiñones, mi primera nieta, quien ha sido luz de mis ojos y materia endulzadora en mi existencia.

TENGO UNA NIETA...

Tengo una nieta, señores

La rosa más bonita del jardín

Su hermosura es sin fin

Gracias, Lili, hija mía, por dar esta belleza.

Tres años de edad cumple ella

Sus primeras primaveras

Y ya existe en mí una quimera

Será reina de belleza

Deborah y Marisol

Fueron ellas universales

Reinas de todos los lares

De todos admiración.

Camille, nieta mía, a ti te canto esta canción

Y con ella te adelanto

Tú serás adoración.

CONTENIDO

NOTA INTRODUCTORIA

En todas las sociedades, la memoria aporta a la formación de la conciencia colectiva y contribuye a la reconstrucción de la historia y de la vida social de una época particular. En el caso de Salinas, se pueden mencionar como retratos de la sociedad lugareña de otros tiempos, los libros *Por caminos del recuerdo, de Ana María Losada (1975), Añoranzas a mi pueblo Salinas, de Francisco Meléndez Santiago (1991), Aguirre y su gente, de Jenarín Vázquez Orlandi (1998), y Tejido solariego, de Virgenmina Sosa Santiago (1999)*. Desde la memoria autobiográfica, esos autores evocan paisajes, lugares y personajes coetáneos, que enlazan al lector con sus antepasados, la gente conocida y con edificaciones y lugares conservados o transformados con el tiempo.

Mis Vivencias en Salinas, porque yo soy de allí..., el primer libro de Roberto Quiñones Rivera, es un viaje por sus recuerdos. Estos relatos de recuerdos se inscriben en el espacio de una vida pueblerina, que corre desde principio del siglo 20 a principios de 21. De esos entornos pueblerinos surgen las historias relatadas, las anécdotas, los personajes, los paisajes y las intuiciones y opiniones del autor. En ellos se rememoran vivencias o se cuentan hechos donde el testigo ha participado como protagonista, como espectador o como relator de noticias. En ese sentido, la subjetividad condiciona la mirada a la sociedad donde se vive. El recuerdo y el hecho relatado es un momento biográfico impregnado de un particular esquema ideológico consciente, o cuajado por aleccionamiento social.

En este libro de Roberto Quiñones Rivera, diecinueve vivencias y veintisiete microrrelatos anecdóticos cumplen el cometido de la memoria autobiográfica. El autor cuenta de forma amena sus historias, hasta lograr la complicidad del lector, dado que con los recuerdos del autor revive los suyos propios.

Este libro de Ediciones Abeyno hay que celebrarlo como una aportación más al acervo bibliográfico pueblerino de Puerto Rico, en particular al género de la memoria, puesto que la memoria guarda para las generaciones subsiguientes, información que contribuye a reconstruir la microhistoria nacional.

Sergio A. Rodríguez Sosa

A MANERA DE PRÓLOGO

No pretendo con este compendio de vivencias y noticias de mi gente de Salinas convertirme en un escritor y menos fungir de poeta o literato. Solamente he tenido en mente el coleccionar aquellos escritos, que de muy buena fe, las páginas de *Encuentro...al Sur* se ha arriesgado a publicarme.

Debo aclarar que esta faceta de plasmar en el papel algunas de mis vivencias, las comencé a escribir luego de cumplir mis setenta y un años de edad, a instancias de mi querido amigo de juventud, Sergio Rodríguez Sosa, quien es el editor del *Diario Colectivo Experimental de Ediciones Abeyno, Encuentro...al Sur.*

Estoy seguro que si este compendio cae en algún momento en sus manos, le sacará algunas sonrisas, porque como tipo común que es, al igual que mi persona, algo de lo que aquí está escrito también a usted le ha pasado.

VIVENCIAS

ROBERTO QUIÑONES: PINCELADAS DE UNA AUTOBIOGRAFÍA QUE CUENTA LA HISTORIA DE NUESTRA GENTE

Nací el 26 de marzo de 1939, en una casa al final de la calle José Celso Barbosa de la Ciudad Perdida hace 70 años, cuando mi madre tenía 26 años. Con esto quiero confirmar que en ese lugar mis antepasados vivieron por más de 150 años. Allí nacieron mi abuela Maximina y sus hijos Pepe, Julio, y Panchita. Nacieron también los cinco hijos de mi tío Pepe y mi hermano Coco y yo. Dentro de la pobreza extrema que existía en Puerto Rico en aquellos años, logramos crecer y educarnos.

La casa aún existe con un cambio de fachada y paredes sustituidas por cemento, pero su interior es prácticamente igual que la original. La casa fue construida por el carpintero del barrio, Don Hilario González, quien de hecho, construyó prácticamente todas las casas de la Ciudad Perdida. Una cosa curiosa sobre esa casa es que nunca fue pintada, hasta que se reconstruyó con una nueva fachada cerca del 1955. La casa original aguantó los embates de todos los temporales que pasaron, y hasta hace pocos años, cuando una de mis hijas la habitaba junto a mami, aún quedaba un recuerdo del huracán San Felipe, cuando una plancha de cinc que voló del vecindario quedó incrustada en la puerta posterior. Esa puerta luego la utilizamos en unos de los cuartos por muchos años más.

Mi madre, Panchita Rivera, era la costurera del pueblo, profesión que aprendió de su mamá, mi abuela Doña Maximina Rivera, quien con grandes sacrificios crió, además de a mi madre, a dos hijos adicionales, Pepe y Julio. Pepe se casó con Ercilia Dávila, mejor conocida por Chila, quien era una de las hermanas de Doña Vicenta Dávila, esposa de Cheche el electricista. Esa pareja procreó cinco vástagos y, como era usual en aquellos tiempos, todos vivíamos en la misma casa. Luego Pepe se mudó a Guayama y mi otro tío, Julio, emigró a las fincas de tomate en los Estados Unidos, donde luego levantó su familia. O sea, que en un momento dado, mi familia bajo un mismo techo sumaba 12 personas, teniendo como únicos ingresos el de un peón de caña y una costurera a domicilio. Está de más indicar que la situación económica que arropaba al país era una de extrema pobreza pero que nos sobraba el amor familiar. Eran los tiempos del Lamento Borincano.

Como les mencioné, mi madre cargó como primer apellido el de su madre Maximina porque el Dr. Toste Coll no la reconoció oficialmente. Este médico trabajaba en el viejo hospital de Salinas pero era oriundo de Arecibo. Aparentemente era viudo al nacer mi madre. Recuerdo de joven, mi madre me enseñó una tumba en el cementerio Wico López en donde fue enterrada Doña Anastasia Toste, esposa del médico. Esta tumba aún existe.

No he encontrado información ninguna sobre el Dr. Toste Coll quien fuera el médico del Hospital de Salinas para la época, más o menos del 1905 al 1910. Él es mi abuelo materno.

Hace muchos años atrás leí un artículo en donde se hizo referencia a él, pero realmente tengo duda si el autor era Danilo

Cruz o Sergio Rodríguez Sosa. Por alguna razón borrada de mi memoria no conservé copia de ese escrito.

El doctor en cuestión, creo que de nombre Sotero Toste Coll, por desgracia, tiró la cana al aire y luego no reconoció a mi madre. Este desconocido personaje, por la profesión que ostentaba, no procedía de la misma clase social que la gente de la barriada. Aparentemente era un viejo cascarrabias y tenía fama de ser un bruto en el trato con la gente. Mamá siempre me decía que no había hijos sin padre y mucho tiempo después, Luis Muñoz Marín se copió de ella y lo formalizó mediante ley. Por cierto, fuimos de los primeros países que aprobó dicha legislación. Trataré de investigar a ver si logro conocer la vida y milagros de este señor médico para ver si puedo honrar el apellido de mi madre...y por supuesto yo también cargarlo.

Mi padre se llamaba Juan Reyes Quiñones Quiñones, chofer de carro público con línea hasta el área metropolitana. Era natural de la ciudad del café, Yauco. Mi padre, al que todos conocían por Reyito, aparentemente era un galán de película que siempre tenía vehículos del último año, y competía con Don Pancho Sécola en el vestir siempre de blanco. Que yo tuviera conocimiento propio, se casó en más de ocho ocasiones oficialmente, más las misas sueltas que siempre se le atribuían. Por supuesto, tampoco me reconoció hasta que las leyes lo obligaron. Tengo un par de hermanos de padre que vivían en el Coquí, que siempre estaban participando en grupos cívicos del poblado. Sus nombres son Reinaldo y Lillian. Los conocí después de viejos y lastimosamente apenas nos comunicamos.

Mi abuela Maximina tenía la bella costumbre de narrar cuentos a sus nietos en las primeras horas de la noche, en el momento de irnos a la cama. Tendría cuatro o cinco años cuando mi abuela, según su costumbre nos narró un cuento a Coco y a mí. Aunque sospecho que para esa época no existía la noche de las brujas, el cuento fue de un misterio tal, que se me fue helando la sangre y adelanté el viaje de rutina al baño antes de acostarnos. Al regresar a mi cama, de momento siento un ruido espantoso y algo volando sobre mí y ahí termine la parte que no logré hacer en la letrina. A mis gritos llegó a mi cuarto toda la familia, excepto Coco, mi hermano mayor, quien se desternillaba de la risa en el balcón, celebrando cuán lejos voló la bomba que había inflado.

La pobreza se reflejaba mayormente en las condiciones físicas de la casa en donde vivíamos, que no era necesario entrar a la misma para ver algunas áreas por los rotos de las paredes y del piso. Recuerdo que en una ocasión mi madre sufrió un accidente. Mientras caminaba por la sala cedió una tabla del piso y se raspó la pierna hasta el nivel del muslo. Los protocolos de curación de entonces eran caseros.

Gracias a que mi hermano José Manuel (a quien se le decía cariñosamente Coco) ingresó al ejército, pudimos echar hacia adelante. El ejército representó para muchas familias un medio de superar la pobreza, aún a costa del peligro de muerte que representaba. En aquella época, el gobierno de Muñoz Marín se empeñó en darle educación universitaria a los hijos de los pobres. Con esas ventajas, las aportaciones económicas de mi hermano a la familia y muchos sacrificios, logré llegar a estudiar a la Universidad de Puerto Rico, donde recibí un bachillerato en Administración Comercial.

Mi hermano Coco eventualmente, luego de regresar del ejército, ingresó a la Policía de Puerto Rico y más tarde levantó su propia familia en Ponce. Se casó con la joven Noemí Arizmendi y de esta unión nació una niña llamada Sonia Noemí González y luego un varón llamado José Manuel, mejor conocido por Coquito. Mi hermano trabajó 30 años en la policía y par de años después, un cáncer minó su vida y falleció.

En cuanto a mí se refiere, indiqué haberme graduado de Administración Comercial pero nunca he ejercido un minuto en esa profesión directamente. Ingresé a trabajar para el Gobierno de Puerto Rico en el Departamento del Trabajo, en Guayama y escalé todas las posiciones, desde Entrevistador de Empleos I hasta ser ayudante especial del Secretario del Trabajo, puesto donde terminé mi carrera con el gobierno, luego de 30 años de servicio.

Iniciándose mi carrera con el gobierno también comencé la mía propia cuando un día 28 de diciembre del 1963, Día de los Inocentes, contraje nupcias con Dilia Torres Santell, la hija de la hoy centenaria Doña Francisca Santell y Don Lope Torres, que en paz descanse. Fruto de nuestro matrimonio son cuatro tremendos hijos: Edgardo, enfermero graduado, Ruth Dilia, supervisora regional en el Departamento de la Familia, Ruth Amarilis, operadora en Wyeth, y Roberto, propagandista médico. De ellos tenemos ya cinco nietos y otra que recién nació en enero de 2010.

Luego de retirado, he tenido experiencias en diferentes campos como asesor de varios patronos, brindándole asistencia profesional relacionada con mis experiencias en el Departamento del Trabajo.

Durante mi responsabilidad como ayudante del Secretario del Trabajo trabajé para dos secretarios. Con Juan Manuel Rivera González aparezco en uno de los retratos, mientras Néstor Figueroa Lugo nos está entrevistando en el Colegio Regional de la UPR de Ponce. En otros retratos comparto con el Secretario Ruy Delgado Zayas en distintas reuniones con líderes obreros del país.

Pero lo más que me apasiona es trabajar en toda expresión de arte: pinto en acrílico, tallo en madera, hago trabajos en mosaico y preparo adornos navideños en madera. Sin embargo, reconozco que soy... aprendiz de todo... maestro de nada. Tal vez, este loco tiene muchas cosas en sus arcas, menos dinero. En la navidad pasada elaboré un nacimiento para la Farmacia Mellyber de Salinas. El adorno de la farmacia midió 8 pies de alto por 8 de ancho. Mi obra más reciente es un mosaico de la Virgen de Monserrate que pronto exhibiremos y que figura en uno de los retratos.

Les cuento ahora una anécdota de cosas que he hecho pero que muchos se sorprenden cuando muestro la evidencia. Hace años filmé tres comerciales junto a mi hijo Robertito y Walter Rodríguez para la compañía Domino's Pizza. Estos comerciales estaban dirigidos a América Central y nunca los usaron en Puerto Rico. Muchas personas creen que no digo la verdad y por eso prefiero no comentarlo. Otra experiencia fílmica que tengo grabada en VCR, fue mi participación en unos programas de orientación del Servicio de Empleo del área de Ponce. Fui seleccionado como moderador de los mismos, en el canal 7 cuando se llamaba Rikavisión. Fueron tres programas, pero como el canal era nuevo y no tenían mucha programación, los repetían cuando no tenían nada para retrasmitir. Si nuestro escritor Josué se entera, me pone al mismo nivel del amigo de Talas Viejas, aquel que le dio la explicación de que la contaminación en la bahía provocaba que las ballenas se inflaran y flotaran por el aire.

Mi nieta mayor Camille Aguirre Quiñones ya tiene 20 años y está estudiando en la Universidad Católica de Ponce. En este momento sus estudios están dirigidos al campo de farmacia y de hecho, tiene un empleo parcial en la farmacia Mellyber de Salinas. Ella tiene también la habilidad de pintar. Son sus padres Justo Aguirre y Ruth Dilia Quiñones. Su padre fue un atleta muy reconocido que nos representó en varias ocasiones en competencias internacionales en el deporte del boxeo. Fue medallista de bronce en los Juegos Centroamericanos en Santo Domingo. Cualificó para un mundial de boxeo pero un accidente automovilístico le impidió hacer el viaje.

Mis nietos son cinco: Emanuel, que es hijo de Ruth Dilia, Adrián, hijo de Ruth Amarilis, Karla que es hija de Ruth Amarilis, Jeremy es hijo de Robertito, y Camille que es hija de Ruth Dilia.

Karla Dirmarie Ortiz Quiñones tiene 12 años. Es hija de Carlos Ortiz (Papiro) y Ruth Amarilis Quiñones. Actualmente es estudiante de séptimo grado en el Colegio Católico del Coquí. Karla tiene en su mente desde pequeña ser cantante y tiene el recurso vocal. Tiene talento de sobra para conseguir esa meta, además de que quiere prepararse en sus estudios.

Emanuel Aguirre Quiñones tiene 10 años y también es hijo de Justo Aguirre. Está estudiando en el Colegio Ponceño el quinto grado. Este tiene también una meta definida, quiere ser pelotero profesional. Tiene el talento necesario para llegar a su meta. Actualmente se está destacando en las Pequeñas Ligas, bajo la tutela de su padre en el equipo La Margarita de Salinas, quienes representaron a Salinas en las Competencias Estatales de Pequeñas Ligas de Puerto Rico.

Jeremy Quiñones Meléndez tiene ocho años, hijo de Roberto Quiñones Torres y Marilyn Meléndez. Actualmente reside en Fort Hamilton de New Jersey con su madre. Está estudiando el tercer grado en el sistema escolar del estado. Siempre que tiene vacaciones las pasa con su padre acá en Puerto Rico.

Adrián, quien cumplió un año el pasado julio es hijo de Ruth Amarilis Quiñones y Héctor Bernier. Todavía no se ha expresado de cuál será su futuro pero las actuaciones indican que será uno bien activo.

El pasado mes de enero llegó mi sexta nieta, que recibió el nombre de Amanda Sofía Quiñones Figueroa. Ella es hija de

Robertito y de su esposa Williana Figueroa, quien es madre además de un varoncito llamado Eduardo y una niña de nombre Ediana, quienes también se integran a la familia. ¡Imaginen la alegría!

En medio de mi séptima década de vida, los recuerdos se agolpan en mi espíritu y las preocupaciones sobre el futuro de mis descendientes, en mi cabeza. No obstante, me anima la esperanza porque los puertorriqueños pertenecemos a una estirpe de gente rebosante de fe y capaz de sobrevivir en las más desfavorables circunstancias. Siete décadas después, sigo adelante tallando con mis manos el futuro de mi familia y de mi pueblo.

LA CIUDAD PERDIDA

Cuando el barrio Río Jueyes, uno de los tres barrios originales de nuestro pueblo, bordeaba la parte oeste del barrio Pueblo, allí había enclavado un sector llamado La Barriada Vieja. Aunque no estamos totalmente seguros de que así fuera, nuestros más ancianos nos informan que esa barriada surgió por un reparto de terrenos hecho por el Alcalde Manuel Iglesias, bajo el gobierno municipal de la coalición socialista republicana del 1930.

Para el 1945, la Junta de Planificación de Puerto Rico expandió los límites del barrio Pueblo, causando con esto que la frontera del barrio Río Jueyes con la de la zona urbana fuera movida mucho más al oeste. Con este movimiento, la Barriada Vieja vino a ser parte de los límites urbanos.

Para que nuestros lectores tengan una idea exacta de dónde se encuentra este sector dentro de la zona urbana, debemos indicar que la calle José Celso Barbosa, que nace en la Plaza Las Delicias y se extiende hacia el oeste hasta la calle Federico Degetau, vendría a ser su límite por el sur. Por el norte, la colindancia es la calle Monserrate, la cual nace en el Parque Manuel González, y también termina en la calle Degetau. Por el este, la calle Victoria viene a ser la primera de la barriada y el sector se extiende hacia el oeste cruzando las calles Manuel Dávila y Eduardo Conde, hasta llegar a la calle Degetau, que colinda con el Malecón, estructura construida en cemento armado para proteger al pueblo de las inundaciones causadas por el desbordamiento del Río Nigua. Para entender mejor, La Barriada Vieja viene a ser un rectángulo que comienza en la calle Victoria, extendiéndose hacia el oeste hasta llegar al Malecón. A ese predio de terreno luego lo llamaron La Ciudad Perdida de Salinas.

Existen dos teorías sobre el cambio del nombre a Ciudad Perdida, lo que ocurrió cerca del año 1935. Para esa época existía el Teatro Luri, donde se proyectaban las legendarias películas divididas en episodios, las cuales se presentaban la noche de los sábados. En ese año, estaban en cartelera los episodios de una famosa serie llamada "The Lost City", posiblemente la primera serie traída al teatro. Tal fue el furor y la expectación que causó durante semanas la serie, que los residentes, (por alguna extraña analogía) comenzaron a llamar desde entonces a la barriada como la Ciudad Perdida.

La otra teoría, apoyada como la más creíble por muchos de los residentes del sector, tiene que ver con la forma en que fue diseñada la barriada, dado que sus calles eran calles sin salida. La calle Victoria al norte, termina unida a la Monserrate sin poder cruzar la misma. Hacia el sur, se encontraba cerrada sin posibilidad de paso, porque ahí existían los terrenos del famoso sitio de bailes El Patio, de Doña Cruz Álvarez, cuya entrada principal era por la calle Unión o calle de Ponce, como la llaman aún algunos residentes. La calle Manuel Dávila también moría en la Monserrate, y por el sur tampoco tenía salida hacia la Unión. Ahí colindaba con el solar donde estaba ubicado el prostíbulo conocido como El Gallo. La siguiente calle, la Eduardo Conde, también es una calle sin salida, que colinda con la parte trasera del antiguo Hospital Municipal de Salinas. La última calle de La Ciudad Perdida, la Federico Degetau, llegaba desde la Monserrate hasta el frente del Hospitalillo, edificio que albergaba a las personas con trastornos mentales. En ese momento también era una calle sin salida, hasta que algunos años después la conectaron con la calle Unión. Pero además, las dos calles que corren de este a oeste, son calles que van a morir al Río Abey.

En otras palabras, este sector sólo tenía dos formas de entrar y salir: ya fuera por la calle José Celso Barbosa o por la Calle Monserrate, a la cual también llamaban calle Resignación, por ser la que conducía al cementerio. Al final de esa calle, ocurrió un desgraciado incidente en los años de 1920, cuando durante una huelga cañera, cayeron muertos los trabajadores agrícolas Pedro Márquez y Francisco Santiago.

Estos trabajadores, ejerciendo su derecho a protestar, fueron asesinados por la policía. Con motivo de ese incidente ocurrido al final de la calle Monserrate, cerca de los negocios Los Latones y Petra's Place, fueron encarcelados 25 obreros injustamente. A pesar de que el pueblo se tiró a la calle, indignado por los atropellos y asesinatos, los mismos quedaron impunes. A la fuerza de choque de aquella época le llamaban "la jaula de los leones".

Ya que sabemos de su ubicación y el origen de su nombre, veamos cómo se desarrollaba la vida cotidiana en ese sector.

Al igual que en todo el Municipio de Salinas, la inmensa mayoría de los habitantes de la Ciudad Perdida eran de extracción humilde y sus vidas dependían del trabajo en la agricultura, especialmente del trabajo en los cultivos de caña de azúcar. El gran patrono de esa época era la Central Aguirre.

Personalmente puedo dar fe de cómo era la vida cotidiana en el sector, porque nací y me crié en él. Tengo vagos recuerdos de la primera pavimentación de las calles con asfalto, y de la construcción del malecón que nos protege del Río Abey o Nigua, como ahora lo conocemos.

En cuanto a las personas que eran oriundas de la Ciudad Perdida, recuerdo a Don Gero, un comerciante que vivía en la calle Degetau. En la calle Barbosa residía Don Pedro Collazo, padre de Aníbal Collazo, nuestro gran exponente de pintura al óleo. Don Pedro administraba la tienda Valdejully & Segarra. Este comerciante era natural de Coamo, pero todos sus hijos nacieron en Salinas y aún familiares residen la casa paterna. Don Vidal Díaz, padre del amigo Dr. Felipe Díaz, nos suplía de todos los comestibles en su tienda. Recordamos también a Don Alejo Cruet, quien era natural de Guayama pero casado con Doña Carmen Carattini, quienes también tenían una tienda de comestibles en la calle Barbosa. También a Don Peyo, abuelo de Angie Moreno, con su kiosco de verduras en la Degetau. En la calle Monserrate vivían Franza, la beautician, los Casalduc, los Tibidabos, y dos grandes: Sanito y el Marshall Manolo Otero. También oriundas de nuestra barriada, recuerdo a las hermanas González, a Doña Zenaida y a Toña Valdez, quien tenía un negocio de venta de pollos.

Recuerdo con mucho cariño a Doña Juana Jaimán y su hijo Efraín, quien desapareció un día sin dejar rastros, cuando llevaba varios años de jubilado de la policía; a Doña Concha, la del chivo apestoso; a Cloto y familia, que me permitían raspar el pegao de la olla; y a la familia Alomar, en cuya casa nacieron Wilfredo y Marcialito Belpré.

No puedo dejar de mencionar a: Don Celedonio Santiago, empleado de la Valdejully & Segarra y a su esposa Doña Consuelo; a Don Eusebio Rosa, el primer músico que vi tocar más de un instrumento a la vez: tocaba la sinfonía de boca amarrada al brazo de la guitarra y con el pie tenía la percusión; a Susana Morelli, madre de una de las mujeres más bonita que había en mi época, Zaida Ivette. No olvido a Doña Zoila, madre de Tilo, el que tocaba acordeón, y que cuando Ángel Viloria, artista dominicano, murió, Tilo lo sustituyó en el conjunto merenguero; a Daniel, a quien todos conocíamos como Daniel el Cojo; a Germán Vega, la mejor segunda voz de la época, que fue miembro de Los Hispanos, Los Borincanos, Los Four Amigos y del Trío de Aidita Viles y los del Río. Frente a Daniel vivía Don Carlos López, padre de Carlitos uno de los mejores músicos que conocí y que desgraciadamente murió joven. No podemos olvidar al loco Silito, a quien la mirada de Haydée Santiago le causaba problemas, por los rayos que sus ojos emitían al mirarlo; a Pantera, el de las risotadas más espectaculares del pueblo; y a muchos más que mis recuerdos atesoran, pero que sería imposible mencionarlos a todos en este breve escrito.

Refiriéndome a otros aspectos de la Ciudad Perdida, debo indicar que en la barriada existían dos lecherías: la de Doña Estefanía, en la calle Eduardo Conde, y la de Doña Georgina, en la calle Degetau. Estas dos lecherías suplían prácticamente la totalidad del consumo de leche en el pueblo. Teníamos también El Hospitalillo, lugar inhóspito, dedicado al cuido de personas con enfermedades mentales graves. Recuerdo también una pluma pública que existía en el mismo cruce de las calles Barbosa y Degetau. Esta pluma estaba situada en un solar ubicado entre las casas de Doña María Valentín, donde una vez residió la familia Rodríguez Sosa, y la de Don Leopoldo Romero. No recuerdo si el malecón estaba construido, pero dicha pluma le daba servicio de agua potable a todos los residentes, incluyendo a los de la barriada Borinquen, que está al otro lado del río.

En la barriada no existían ni escuelas ni iglesias por lo cercano que estábamos del casco del pueblo. El acceso al hospital lo teníamos por la parte trasera del mismo, por un portón que existía y que los residentes de la barriada Borinquen tumbaron, para llegar con mayor rapidez a buscar servicios médicos; mayormente el de cogerle puntos de sutura a heridas provocadas durante las muchas escaramuzas violentas que sucedían en Borinquen.

La diversión en la Ciudad Perdida era la misma del resto de la zona urbana. Gracias a lo cercana que estaba la plaza de recreo, se participaba de todo lo que pudiera ocurrir en el pueblo. Existían dos locales de bullicio al final de la calle Monserrate que se llamaban Río Petra y Los Latones.; ambos de actividad nocturna. Por iniciativa de algunos jóvenes de la barriada, se organizó en los años de 1950, un club que lo llamamos El Club Fibadi. Las sílabas del nombre nos dan una muestra del propósito principal que se perseguía en el mismo: fiesta, baile y diversión.

Hoy en día, nuestro sector se sigue llamando Ciudad Perdida, aunque algunos aún le llaman Barriada Vieja. Ya no existen las lecherías ni los negocios de actividad nocturna y menos la pluma pública. El Hospitalillo hoy es una escuela de párvulos, y la calle Federico Degetau fue unida a la calle Unión o Ponce, (como la mayoría la conoce) con lo que tenemos ahora una facilidad de escape hacia el sur.

La Ciudad Perdida es una de las áreas más tranquilas y bonitas del casco antiguo del pueblo, y aunque se han perdido algunas edificaciones, —ya fuera por deterioro y abandono o porque fueron sustituidas por estructuras más modernas— aún conserva el señorío de las antiguas barriadas obreras. Ciertamente, la Ciudad Perdida sigue siendo el sitio ideal para que, de los antiguos pobladores que se fueron, regresen a disfrutar de los actuales momentos existenciales, tejiendo añoranzas e historias de nuestro amado pueblo.

LA TASACIÓN

Poder recordar la casa donde uno nació o se crio es un privilegio que conmueve. *Encuentro...al Sur* tiene una sección donde se comentan fotografías. Envié dos fotografías de la casa donde me crié y los editores publicaron el siguiente comentario:

En la década de 1940 se realizó en todo Puerto Rico una retasación de la propiedad inmueble con propósitos

contributivos. En ese proceso se le tomaba una fotografía a las estructuras para que los tasadores tuvieran un punto de referencia al realizar su trabajo. De esa manera, se creó un extraordinario acervo de fotografías de época, que lamentablemente desconocemos su paradero. Por diversas razones, algunas personas obtuvieron ejemplares de dichas fotos, una de las cuales presentamos a continuación. Se trata de una casa que ubicó en la calle Celso Barbosa en la barriada conocida como La Ciudad Perdida. Su dueño la conserva con amorosa nostalgia porque presenta la imagen de la casita donde nació.

A mediados de la década de 1950 la casita de Panchita Rivera fue reconstruida como se observa en la segunda fotografía. Esta foto fue tomada unos cuatro años atrás. Además del cambio de fachada se cambió el techo totalmente a dos aguas de izquierda a derecha. Luego de este cambio los nuevos dueños tiraron el piso y las paredes en cemento.

JULITO, EL MULITO DE CIUDAD PERDIDA

Recientemente regrese de Nueva tras disfrutar de unas merecidas vacaciones junto a mi esposa y mi cuñada María. En la urbe caminamos "la seca y la meca" como solía decir mi abuela Maximina. No dejamos condado en el que no hiciéramos por lo menos un "sightseeing". Como siempre, en la estadía y el turisteo, nuestros anfitriones a nivel de cinco estrellas fueron Edgar y Alex.

En esta metrópolis uno siempre encuentra detalles que impactan por su peculiaridad o importancia. Esta vez no fue diferente. Quedé sorprendido al toparme con que a una persona de nombre Julio Rivera le dedicaron una esquina en una de las avenidas más concurridas del Condado de Queens.

Por supuesto que no conozco quien fuera el Julio Rivera de Queens y menos las razones que llevaron al honor de dedicarle una esquina en particular en ese Condado pero ese nombre me retrotrajo a un hecho familiar del pasado y de ahí que llamara mi atención. Para poder explicar la razón de mi asombro tengo que regresar a la historia de mi familia y presentarles a un personaje, al que tuve la dicha de conocer, a mi tío Julito, el que todos conocían como "el mulito".

¿De dónde vino el apodo de "Mulito"? Al igual que los apodos el "Mulo" de mi otro tío Pepe, "Coco" de mi hermano José Manuel y el mío propio, pues aún tengo amigos que me llaman "Cañón", no tengo conocimiento de las razones para los mismos.

Pero regresando donde mi tío Julito, con quien tuve afinidad muy estrecha, éste era un tipo común que lograba muchas veces conseguir lo que se proponía, aunque tardara un poco en lograrlo. Recuerdo que siendo yo niño me dijo que abandonaría el país para buscar nuevos rumbos a través de la cosecha de tomates, pero que no tocaría uno solo de estos a menos que no fuera comprado en la tienda. Esta frase la vine a comprender muchos años después, cuando comencé a trabajar en el Departamento del Trabajo, casualmente en la unidad que tenía a cargo procesar la emigración de braceros hacia Glassboro, New Jersey. Allá trabajaban en las colectas de frutos, especialmente tomates.

Ejerciendo esas funciones conocí las peripecias de los migrantes, que usaban este programa gubernamental para intencionalmente llegar a Nueva York. Cuando arribaban al aeropuerto se "fugaban" para la ciudad, con la esperanza de encontrar un mejor empleo que no fuera el trabajo estacionario de recoger tomates. Mi tío Julito fue uno de los miles que lograron hacerlo.

Ya establecido en el famoso Barrio, hizo de su vida una muy placentera trabajando como taxista. Mucho tiempo después, regresó a Puerto Rico y se estableció en San Juan, donde también trabajó como taxista. En esa época siempre buscaba una excusa para encontrarme con él. En esos encuentros me hablaba de sus anhelos y próximos pasos. Y sobre aquellos logros pronosticados anteriormente, solía levantar su brazo y señalándome con su dedo índice me decía: — "Te lo dije..."

Como taxista se mantuvo trabajando en San Juan pero siempre pensando en algo adicional y como era su costumbre, todo el tiempo me adelantaba lo que se proponía hacer. Así logró llegar a ser árbitro de lucha libre, un deporte que estaba empezando a desarrollarse en la isla. Como parte del espectáculo, siempre se zafaba un golpe que cogía al árbitro. Luego de varios minutos, el árbitro achocado se levantaba convertido también en un gladiador, que sacando pecho y haciendo grandes piruetas se convertía en el héroe de la velada. Más tarde mi tío se convirtió en promotor de este deporte. En esas lides logró presentar en Puerto Rico al más famoso luchador mexicano, El Médico Escarlata, a quien también le conocían como El Enmascarado de Plata. Por supuesto lo trajo a mi casa en la Ciudad Perdida, a donde acudieron los muchachos del barrio a conocer al famoso luchador.

Recuerdo que ese día me dijo que algún día yo vería su nombre escrito en algún sitio público que no sería en el buzón de su casa.

Aunque pasaron muchos años desde esa conversación en la Ciudad Perdida, frente al Enmascarado de Plata, hace pocos días sentí la sensación de ver a mi tío Julito, el Mulito a mi lado en una esquina de la avenida 37 del Condado de Queens, con su brazo erguido y con una sonrisa a flor de labios señalándome con su dedo índice diciéndome:

—"Te lo dije..."

LAS ENSEÑAZAS DE LA ABUELA MAXIMINA

Mi abuela materna Maximina Rivera estaría cumpliendo ciento veinte años de edad. Compartí toda mi niñez con ella, pues al fallecer, yo tenía unos catorce años. Me crie bajo su tutela, ya que nací en su casa y junto a mi hermano y mi madre, no conocí otro hogar que el de ella.

De mi abuela Maximina únicamente tengo buenos recuerdos. Era un ser espectacular. Cuando su imagen me viene a la memoria, mi rostro dibuja una sonrisa. No es para menos: sus dotes de comediante natural inundaban nuestro hogar de alegrías en aquellos años de carestía.

Recuerdo que tenía por costumbre aleccionar nuestro incipiente comportamiento usando los refranes tradicionales. De tanto repetirlos en las faenas cotidianas, todos en la familia los conocíamos a cabalidad. Pero la muy hábil, para ejercitar nuestras memoria solía mezclar unos refranes con otros, para hacernos creer que estaba equivocada. Naturalmente, nuestra odisea era corregir los refranes intencionalmente incorrectos de la abuela. De esa manera, nos obligaba a ejercitar la memoria y a pensar en el consejo o la moraleja que encierra cada uno de esos dichos populares.

Uno de los refranes más utilizado por ella era el muy conocido "a caballo regalado no se le mira el colmillo" y ella lo cambiaba a "a caballo regalado se lo lleva la corriente". Recuerdo también que nos decía "en boca cerrada los ratones hacen fiesta " por decir "en boca cerrada no entran moscas" y así sucesivamente. Cuanto refrán existía, ella lo conocía. Su jovial carácter siempre estaba complementado con refranes atinados al momento que se estaba desarrollando.

Tengo que admitir que a pesar de los esfuerzos de la abuela, he olvidado con exactitud sus refranes, pero sí recuerdo uno en particular cuya aplicación ha sido para mí una gran lección: "Tosesabe no se ha muerto".

Con este refrán la abuela quiso enseñar que todo aquello que pretendas esconder, a la larga de alguna manera se sabrá. Ella lo utilizaba cuando alguno de nosotros, sus nietos, escondíamos algún problema en la escuela o cuando descubría alguna maldad que nadie se atribuía.

En nuestro diario vivir no faltan quienes utilizan el subterfugio para escapar de sus responsabilidades. Tampoco quienes esconden información sin la cual se afecta el buen desarrollo de nuestro trabajo o nuestras rutinas diarias. Y como todos cometemos ese pecado, es necesario tener en mente siempre que "Tosesabe no se ha muerto"...

DEL EDÉN AL TEATRO DE GUERRA

A través de los siglos, los nombres de los lugares, barrios y comunidades de Salinas han cambiado. Algunos de ellos se han perdido en el olvido y otros, muy pocas personas los mencionan. Entre nuestros nombres geográficos actuales hay algunos muy antiguos como Río Jueyes, Aguirre, Lapa y Playa y otros más recientes, como Coquí, Coco, San Felipe, Montegrande, Las 80, Plena, Vázquez y Playita.

En uno de los barrios más antiguos, Río Jueyes, vivía un conglomerado de ciudadanos que conformaban unas 300 familias. Aunque las condiciones de vida eran difíciles y carecían de los portentosos adelantos que hoy tenemos, consideraban que su barrio era un pedacito del edén.

El área del barrio Río Jueyes a la que hago referencia abarca cerca de 5,000 cuerdas de terreno distribuidas en 62 fincas. Aquel grupo de salinenses vivía diseminado por las diferentes fincas y bautizaron los sectores con nombres como La Zanja, Barritos, Rincones, La Joya, y Cedros.

Estos sectores nunca llegaron a tener luz eléctrica. El agua la obtenían de los manantiales y las quebradas adyacentes o de algunos pozos hincados por los residentes. El transporte terrestre se realizaba a pie o en bestias a través de los escasos caminos, o por el lecho de la quebrada La Joya.

La felicidad entre ellos nacía de una profunda solidaridad. Todo el mundo se conocía y el comportamiento entre ellos lo regía la hermandad. Nunca pasaron hambre porque la agricultura era su sustento. En sus terrenos tenían sembrados los alimentos que consumían. Criaban animales y cultivaban maíz, tomates, yuca, plátanos, yautía, calabazas, en fin, todo lo que la tierra producía se compartía entre los vecinos.

La vida cotidiana transcurría en torno al trabajo agrícola. Las vicisitudes se enfrentaban con fortaleza en medio de las condiciones existentes en aquellos años. Para que tengamos ideas, en la primera mitad del siglo 20 no había facilidades médicas de ninguna índole en los barrios. Los enfermos se transportaban montados en una hamaca, que un grupo de personas se echaba al hombro. Ese enfermo llegaba al hospital del pueblo, gracias a los relevos que se hacían cargando la hamaca desde largas distancias y por caminos de tierra.

Si la persona moría, también había relevo de hamaca. Un vecino carpintero construía la humilde caja. Durante el velorio, colocaban un cubo grande con hielo debajo de la misma para preservar el cadáver. Cuando partía el entierro, el muerto se cargaba en la hamaca hasta llegar a un lugar donde pudieran colocarlo en la caja y de ahí transportarlo hasta llegar al cementerio, luego de celebrar el rito eclesial.

Cuando había una parturienta se avisaba a Doña Leonilde, la comadrona de toda la comarca. Usualmente la criatura recién nacida no era inscrita de inmediato, pues había que esperar que alguien fuera al pueblo y le notificara el nacimiento a Bimbo Morera, quien era entonces el encargado del Registro Demográfico. Abundan las anécdotas sobre cambios de fecha y de nombres surgidas por la tardanza en inscribir a los hijos. Los errores de nombre y fechas los causaba, no solo la tardanza, sino el que se viniera a inscribir a más de una criatura a la vez, la pobre educación del registrador y la usual jienda que cogía el padre con sus amigos del pueblo.

En cuanto a educación se refiere, en el sector de La Joya había una escuela elemental que cubría de primer a tercer grado. Según los entrevistados, la maestra era Miss Lleras, una persona muy conocida y querida en Salinas. En el sector Cedros, existía la Escuela Gautier Benítez, que ofrecía estudios hasta el cuarto grado. En esa escuela trabajaron como maestros Restituto Santiago, Rigoberto Santiago, Luis Santiago e Isidoro Mateo, este último mal recordado por los abusos físicos que cometía contra los estudiantes.

Los niños se divertían principalmente participando en los juegos de grupo, cazando pichones con honda, jugando bolita y hoyo o bailando trompo. Este último juego se supone que se jugaba únicamente en los días santos pero como no había más nada, ellos los seguían jugando todo el año. Luego en su juventud, formaban el baile al sonido de las vitrolas de manigueta que poseía algún vecino. Ya mayores, aunque ustedes no lo crean, la mayor diversión eran los velorios. Esa noche se jugaba dominó o baraja, abundaban las comidas y se bebía pitorro, que era una de las grandes industrias del barrio. Las noches de velorio eran ocasión para comenzar o afianzar los amoríos.

En cuanto a cómo se desarrollaba el día, todo el mundo trabajaba, ya fuera en las vaquerías o en las siembras de caña o de tabaco. Grandes y chicos siempre tenían tareas asignadas. Por ejemplo, a las hijas de Don Lope Torres, un próspero productor de tabaco de La Zanja, les correspondía sacar los gusanos de las hojas de tabaco y echarlos a una botella. Demás está decir el terror que ellas le tenían a esa tarea.

Los vecinos eran personas muy religiosas y católicas pero tenían que venir al pueblo, pues nunca hubo una capilla en el barrio. Acudían a la iglesia mayormente en la Semana Santa. Por otro lado, todos eran "Populares de Muñoz" y para ejercer su derecho al voto tenían que bajar al pueblo. Nuestros entrevistados cuentan de un mitin celebrado en los predios de la tienda de comestibles de Don Manolo Lago, que terminó como "el rosario de la aurora". Una turba republicana irrumpió en el lugar y a botellazos y piedras terminaron el mitin. Fue esa unas de las pocas ocasiones en que la policía intervino en la comunidad.

Pero la tranquilidad y la paz de la vida en el barrio se vio afectada, cuando el gobierno de Estados Unidos determinó que para defender la democracia había que sacarlos a ellos de esas tierras, para ampliar el teatro de guerra que hoy conocemos como el Campamento Santiago.

El 29 de mayo de 1952, el gobierno de Puerto Rico entabló una demanda contra los dueños y residente de las 62 fincas. La demanda se amparaba en la Ley General de Expropiación Forzosa, aprobada el 12 de marzo de 1903 y enmendada por la Ley Núm.1 del 17 de agosto de 1951. El gobierno asignó la suma de seiscientos treinta y seis mil doscientos cincuenta y ocho dólares con seis centavos ($636,258.06) como pago por la adquisición de los referidos terrenos, incluyendo edificaciones, mejoras, usos, servidumbres, pertenencias y plantaciones de cualquier naturaleza que en los mismos existieran, incluyendo todo o cualquier derecho, título, o interés sobre dichos terrenos. Hasta donde tenemos conocimiento, no hubo reacción en contra de la acción legal del gobierno.

Cuando se consumó la expropiación y se determinó la cantidad de dinero que le correspondía a cada uno de los dueños, se les ofreció ubicarlos en parcelas de media cuerda ubicadas en los terrenos del actual sector El Coco. Igualmente se les permitió que tumbaran sus residencias y los que pudieran llevárselas que así lo hicieran.

Hoy día aún están vivos muchos de los habitantes del barrio Río Jueyes que fueron expulsados de sus terrenos. Entre ellos se encuentran miembros de las familias Maneiro, Rosas, Torres Santell, Romero Ortiz, Lago, Bermúdez, y muchas otras más que escapan a nuestro conocimiento. La mayoría de ellos hablan de la injusticia que prevaleció durante la expropiación forzosa. Reconocen que la pobreza, el desconocimiento y la falta de apoyo le impidieron luchar y protestar contra quienes los despojaban de sus propiedades y destruían sus comunidades.

Quiero, para finalizar este artículo, reconocer a las personas que gentilmente recrearon para nosotros sus vivencias en el barrio Río Jueyes, especialmente, a Don Carlos Romero Ortiz, a quien todos conocemos cariñosamente como Carlos Lola, a

Nolin Lago, a Santos Ortiz y su esposa Nesta, y a mi amantísima esposa Lydia Torres Santell, quien fue una de las víctimas de los cambios de nombre al inscribirla en el Registro Demográfico (ahora se llama Dilia) y a Roberto Centeno, quien me sirvió de guía en mi visita al área para poder observar los terrenos de los que fueran La Joya, Barritos, La Zanja, Rincones y Cedros. Las fotos aéreas del 1937 que presentamos a nuestros lectores fueron obtenidas en la División de Fotogrametría del Departamento de Obras Públicas del Estado Libre Asociado de Puerto Rico.

La información sobre las cuerdas expropiadas y lo pagado por el gobierno están consignados en el protocolo de demanda entregado a cada uno de los afectados por esta acción, documento que conservo gracias a Doña Francisca Santell, quien a pesar de sus 107 años de edad, aún tiene claros recuerdos de su vida en La Zanja.

LOS MISTERIOS DE LA VIDA

Con la sensible colaboración de Adminda Pérez

Mi querida suegra Doña Pancha tiene 106 años y ya está encamada. Dada su condición y ancianidad solo Dios nos dirá hasta cuándo podremos disfrutar de su presencia física. La visito todos los días y durante esas visitas he sido testigo de muchas expresiones de ella que ha dejado perpleja a toda la familia. Me consta de propio conocimiento el oírla hablar de hechos no conocidos por ella. Supuestamente se ha enterado por medio de su esposo fallecido hace cerca de treinta años, con el cual, según ella, conversa con frecuencia. Un ejemplo de esas misteriosas comunicaciones es una donde expresa que su fallecido esposo la puso en conocimiento de la muerte reciente de uno de sus yernos, hecho que por razón de no agravarle su condición no se le informó a ella. Sorprendentemente un día, estando presentes sus hijas, nos dio un discurso de consuelo a todos por la muerte de su yerno.

Pocos saben cuan "pesado" es para nuestros ancianos el vivir tantos años. No les es pesado porque son muchos años sino porque han sido de mucha responsabilidad. Primero son el centro, columna y apoyo de sus familias, y en ocasiones de familias numerosas. Luego viven preocupados por la gente de la comunidad que les rodea y después por todo el mundo. En su evolución como seres humanos, de la preocupación pasan a la oración constante. Cuando les empieza a fallar la memoria, entran a la reflexión y la comunicación espiritual directa. Etapa muy personal, tanto así que los que están a su alrededor no sabrán nunca el contenido de esa comunicación, excepto aquellos que les rodean que tienen la misma sensibilidad y pueden percatarse de la importancia de lo dicho.

Estas personas vivieron en su vida grandes luchas y en todo momento confiaron plenamente en el Señor. Esa confianza los condujo a triunfar en la vida. Cumplieron con los mandamientos, fundamentos, conceptos, y preceptos del mensaje divino. Lo hicieron de la forma más humilde y sincera; cosecharon amor porque eso fue lo que sembraron.

Se habla de la demencia senil y el Alzheimer y es cierto que el organismo se deteriora, pero el alma o espíritu no. Por eso es bien importante estar bien pendientes de lo que expresan en estas últimas etapas de sus existencia, porque en sus "desvaríos" pueden decir cosas muy ciertas y como no son lógicas para nosotros, no le damos importancia. Cerramos así una ventana a la sabiduría que nos brindan los misterios de la vida.

Personalmente para mí esta experiencia que vivimos todos a diario con mi suegra, ha sido algo extraordinario para nuestro crecimiento espiritual. Percibo a cada momento que ella está abriendo un camino espiritual, no solo para ella, sino para todos sus seres queridos.

MISTERIOS Y APARICIONES EN SALINAS

La gran mayoría de los habitantes de Salinas, independientemente de la religión que profesan, participan con frecuencia de los ritos y actividades religiosas. Podría decirse que prácticamente toda la población es creyente e inclusive aquellos que no practican públicamente religión alguna, le atribuyen cualquier experiencia, positiva o negativa que tengan, a la voluntad de su guía espiritual, que quiso que así fuera. En otras palabras, se obra mayormente por fe.

En los últimos años han ocurrido en Salinas una serie de eventos que de inmediato no aparentan tener una explicación lógica. El ser humano trata de explicar tales sucesos dependiendo del cristal con que se miran.

Esta clase eventos misteriosos regularmente atrae cientos de personas. Los testigos presenciales toman partido y muchos dan fe de que lo que han visto no tiene explicación lógica. De esa manera adquieren visos de sucesos sobrenaturales que suelen catalogarse dentro del mundo de las apariciones y milagros.

En mi carácter personal, que soy un católico practicante, la curiosidad me ha llevado a ver algunos de estos eventos y quiero compartir con nuestros lectores las experiencias vividas y por supuesto mi opinión personal de lo que creo haber visto en cada uno de ellos.

La Virgen de la palma

En las últimas décadas del siglo 20, un vecino de la urbanización Las Marías que tomaba un descanso en el balcón, se percató que entre las altas ramas de una palma frente a su casa, se veía el movimiento de una silueta, la que él y otras personas identificaron como la figura de la Virgen María. Esta visión atrajo de inmediato a cientos de personas, muchas de las cuales atestiguaron haber visto la silueta de la Virgen moviéndose en las ramas de la palma.

Personalmente no logré ver lo que muchos otros alegaban pero sí fui testigo de que esta oportuna "aparición" sirvió para que se activara un grupo de fieles de nuestra parroquia y localizaran una centenaria imagen de la Virgen de la Monserrate, que se había llevado a restaurar a algún sitio y llevaba mucho tiempo sin saberse que había pasado con ella.

El evento de la palma terminó cuando fue reparado un foco del alumbrado de una estación de peaje contigua, que prendía y apagaba causando unos efectos de luz y sombra sobre la palma en particular.

La Virgen de Caño Verde

Durante una reparación de la Autopista Las Américas, muchos pedazos de las losas de concreto removidas del pavimento fueron depositados en el margen del río, con la intención de evitar que se inundara el sector de Caño Verde, en caso de una creciente del Río Nigua.

Apenas había oscurecido, cuando una niña de unos ocho años corrió alarmada donde sus padres indicando haber visto la figura de la Virgen entre los escombros de cemento colocados en el río para proteger el sector. Esto causó un revuelo de tal naturaleza que miles de personas visitaron el área para ver la imagen de la Virgen.

La niña vidente fue trasmitiendo información que supuestamente la Virgen le comunicaba, indicando entre otras

cosas, que se acordonara el área para que la gente no pisara el lugar por ser tierra santa.

Fui testigo de este evento, y como era tan obvia la figura que se veía, utilicé mi cámara y logré captar la imagen. Al día siguiente fui de día y tomé fotos del área y logré ver la losa donde se veía la imagen y pude darme cuenta de que al romperse, la orilla sufrió una serie de cortes irregulares, que en la noche, con la ayuda de la luz del poste de alumbrado, parecía una imagen de la Virgen María. Sin duda un efecto de luz y sombra. Incluyo las dos fotos, de día y de noche, y los amigos podrán hacer su propio juicio.

El Sagrado Corazón en la mata de orquídea

En el barrio Palmas, de Salinas una madre y su hija discutían por algún tipo de problema familiar, llegando la hija al extremo de negar la existencia de Dios y de cuestionarle a su madre el estar siempre metida en la iglesia. En el furor de la discusión, la hija indicó que Dios tendría que darle algún tipo de señal para ella creer en Él.

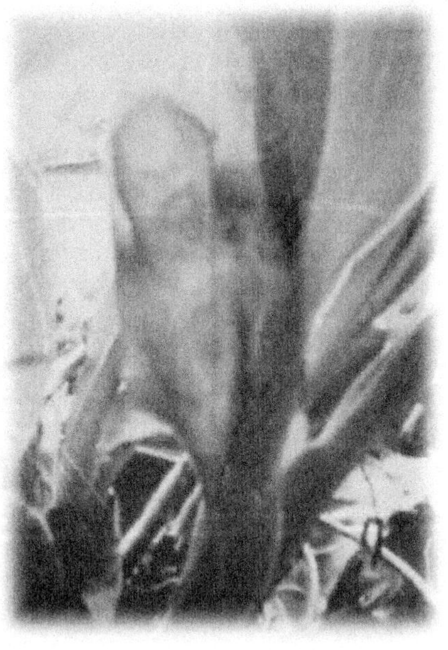

Cuando la hija abandonaba el hogar, al bajar al jardín, tropezó con algo, quedando de frente a una mata de orquídeas. Cuán grande fue su sorpresa al ver en la hoja de la mata lo que aparentaba ser una imagen del Sagrado Corazón de Jesús. Ahí mismo regresó llorando donde su madre a pedirle perdón. Luego ambas prepararon un altar junto a la planta para honrar la llegada del Señor a su corazón.

En este caso no pude estar presente pero una persona, de los cientos que han visitado el altar tomó la foto que acompaño.

La imagen del Sagrado Corazón de Jesús en una papa

Un matrimonio vecino vino a mi hogar una tarde del mes de marzo del 2009, con el propósito de testimoniar algo que les ocurrió el 4 de agosto del año anterior. Aceptamos, mi esposa y yo, escuchar su testimonio porque conocemos de la calidad y honestidad de estas personas. Ambos son maestros retirados que querían testimoniar lo que verdaderamente les ocurrió en privado aquel día. Su testimonio fue el siguiente:

Este matrimonio estaba pasando por una crisis causada por un quebrantamiento de salud, tanto de ellos como de un hermano del esposo. También su hija estaba pasando por una etapa crítica en su vida. Ese día, 4 de agosto, durante una conversación entre ellos, la esposa se sintió abatida, al punto de que su fe en Dios flaqueaba. Le dijo a su esposo que ya no creía en nada. Su esposo, quien es un fervoroso católico, al igual ella, le indicó que no pensara de esa manera y que la fe había que mantenerla viva. Ella continuó con sus labores en la casa y se fue a la cocina a preparar los alimentos.

Cuando estaba en el proceso de mondar papas, notó que una de ellas tenía una mancha, por lo que cortó el pedazo dañado y lo tiró a la basura. Pasado un rato, tuvo el presentimiento de que algo raro tenía el pedazo que botó y fue a buscarlo al zafacón. Al examinarlo, por la impresión que le causó lo visto en la papa, gritó de tal manera que su esposo corrió alarmado donde ella.

Para su sorpresa, en el pedazo de papa se dibujaba una imagen parecida al Sagrado Corazón de Jesús.

Al día siguiente, en un momento de reflexión, el esposo pidió a Dios que le ayudara a entender lo sucedido. Abrió el libro "Cinco minutos con Cristo" y moviendo las páginas al azar, su mano quedó sobre el siguiente mensaje:

"También a ti en un momento determinado se te apareció Jesucristo, Tuviste con Él una experiencia religiosa vivida en profundidad; Jesucristo se te mostró como es: el Salvador del mundo, el hermano mayor de los hombres a quienes ama entrañablemente, y con ello tu corazón se llenó de gozo inmenso. Pero Jesús no se te mostró, para que tú sólo gozaras de su presencia, sino para que luego fueras y divulgaras y dieras a conocer aquella tu experiencia religiosa a los demás hombres con quienes vives, trabajas, con los que de una forma u otra te relacionas."

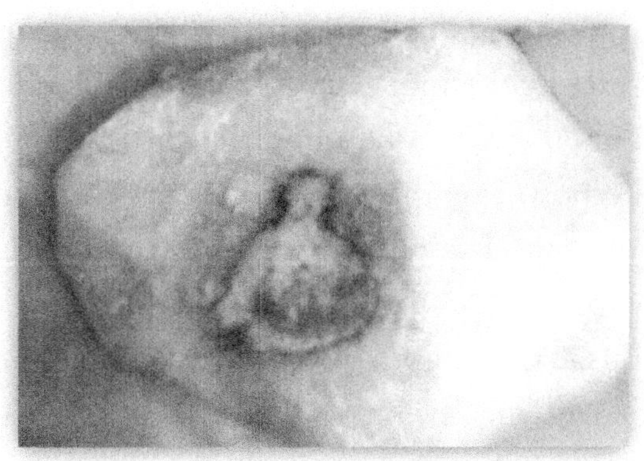

A diferencia de los otros casos, este matrimonio guardó silencio, y fue a insistencia de su hija que tomaron unas fotos del evento. Estas les fueron llevadas a dos sacerdotes para que las observaran y sin explicarles su procedencia, ambos indicaron ver la imagen del Sagrado Corazón de Jesús.

Luego este matrimonio le llevó la foto al hermano enfermo, ya encamado, sucediendo misteriosamente que éste ha logrado levantarse de su lecho y ya está de nuevo asistiendo a misa como era su costumbre.

Actualmente la papa está guardada en un recipiente de cristal, sin preservativo alguno. En esas condiciones no se ha deteriorado, conservándose la imagen intacta durante todo este tiempo. Para este caso no tenemos una explicación. Les incluyo la foto tomada.

Si bien los eventos descritos pueden quizás tener explicaciones naturales, lo cierto es que en todos los casos, han servido para consolar la vida espiritual de mucha gente y enriquecer el folclor de nuestro pueblo.

SOY MILLONARIO…Y NO LO SABÍA…

Tengo en estos momentos una envidiable suerte que jamás había pensado tener: ahora soy millonario…sólo que para que suene el "cash" debo contestarles unas simples preguntas a las muchas instituciones bancarias que se están comunicando actualmente conmigo mediante los "spam" que a diario entran a mi "e- mail".

Los ofrecimientos que cambiarán mi vida me han llegado desde sitios tan lejanos como Senegal, Roma, Austria, Londres, y Nigeria. De todos estos sitios he logrado ganarme la lotería y lo más grande de todo esto es que no he jugado una peseta en ninguna de las instituciones que me han notificado ser el feliz ganador…y me felicitan.

Para dar algunos ejemplos, en esta semana me gané 5 millones en libras esterlinas del Banco Bardays PLC, de Londres. También fui notificado que tengo depositados unas 600,000.00 libras esterlinas en el British National Oil Grant, también de Londres. Del país de Nigeria me comunican que Courier Delivery Company tiene unos 800,000 dólares esperando que yo les envíe unos 335.00 dólares al Board of United Nation of the

Government of Nigeria, para el papeleo que conlleva hacer la transferencia a mi banco en Puerto Rico.

Nada, que soy millonario, es más, seré multimillonario tan pronto les de mis datos personales a las diferentes entidades bancarias y específicamente les envíe los 335 dólares para cubrir los gastos de franqueo y sellos necesarios.

¿Habrá alguno de mis amigos lectores que pueda prestarme esa ínfima cantidad y vamos al cincuenta por ciento tan pronto en mi banco suene la tecla del "cash"?...

LO QUE BUSCABA, LO QUE ENCONTRÉ Y LO QUE TRAJE

A mis hijos Edgar y Alex, con todo el amor de un padre

Recientemente saqué un tiempo para mí. Gracias a la benevolencia de mi hijo, quien sufragó los gastos aéreos, decidí buscar fuera del país algo de paz y tranquilidad para mi espíritu, el cual ya estaba saturado de la inmundicia con la que a diario somos bombardeados en esta bendita isla.

Pensando en que la época era la más propicia, final del invierno, me trasladé a New York a buscar el cambio. Por supuesto que desde que me encontré con mi hijo en el John F. Kennedy, me olvidé de las penas que no había podido botar en el avión, y acompañado por el cambio de clima y la calurosa bienvenida, pensé que sí valió la pena el riesgo de meterme en la lata voladora.

El desborde de amor creció al llegar al apartamento y encontrarme con mi esposa, quien por motivo del Día de las Madres, había sido reclamada por sus hijos un par de semanas antes. Entonces el círculo quedó cuadrado, como suelo indicar cuando las cosas las encuentro perfectas.

Mi hijo, quien lleva muchos años residiendo fuera de nuestra isla, no obstante a que lo vemos con cierta frecuencia y lo oímos a diario por teléfono, como para ponernos al día de los acontecimientos, conversó sobre diversos temas, menos de política, porque la odia. De inmediato diseñamos un plan de actividades para mi corta estadía.

Mi hijo no estaba de vacaciones, por lo que el plan establecido iba a depender mayormente, para estar con él, de actividades fuera de sus horas laborables, mientras que mi esposa y yo planificamos pasear durante el día por áreas ya conocidas.

De esa manera se fue desarrollando el plan y viviendo experiencias que me hicieron sentir alguna nostalgia por mi isla. Noté que la gente que te encuentras de frente vive encerrada en su propio mundo, por lo que no se escucha unos buenos días y menos aún un ¿cómo está usted hoy? Las sonrisas estaban totalmente ausentes, el mirarte a los ojos no existe en ese país, aunque tratara de provocar un fugaz encuentro. Pensé que esa gente tiene sus propios problemas y no buscan el apoyo natural de quienes los rodean; algo tan importante con lo que vinimos al mundo los puertorriqueños. Realmente la frialdad con que se tratan unos a otros me llevaba a pensar que era preferible quedarnos en el apartamento todo el día hasta que mi hijo llegara. Por supuesto, todo cambiaba cuando, con su llegada regresábamos a nuestro mundo.

Con nuestro hijo visitamos restaurantes mexicanos, peruanos, chinos, italianos, colombianos, americanos; en fin tuvimos la oportunidad de degustar los más deliciosos platos y bebidas que en Puerto Rico rara vez disfrutamos. En los restaurantes, el trato cambiaba ya que como parte del servicio brotaba la amabilidad y se dibujaban sonrisas. Probablemente el ganarse una buena propina hacia diferente el ambiente. Así, día tras día visitábamos diferentes zonas de la ciudad, particularmente aquellas donde la concentración de público era enorme, tales como Times Square, el Yankee Stadium, y por supuesto las grandes tiendas donde mi esposa podía disfrutar de lo último en la moda, disponible en la famosa Quinta Avenida.

Acostumbrado ya a la falta de sonrisas y los buenos días, continuamos nuestras rutinas de caminar durante el día sin nuestro hijo, observando la gama de personas de diferentes nacionalidades con las que nos encontrábamos de frente en las calles y en los comercios del sector. Durante esas caminatas, a cada momento nos encontrábamos con cada sorpresa, por ejemplo: mangos coloraos como los cultivados en Coamo y Juana Díaz a tres dólares y pico cada uno. La curiosidad me llevó a tomar uno en las manos y mi sorpresa mayor fue verle un sello que los identificaba como mango de la India.

Otra sorpresa fue la de encontrar plátanos verdes, grandes de verdad, pero al precio de doce por peso, cuando en Salinas un plátano casi del tamaño de un guineo cuesta 89 centavos. La dueña del negocio, una señora oriental, me indicó que se importaban de algún punto del Caribe. Permanecí callado pensando que quizás algunos de esos plátanos los vi al pasar por la autopista rumbo al aeropuerto.

Así ya acostumbrados a la rutina diaria, había momentos en que le preguntaba a mi esposa sobre cómo se sentía fuera de Puerto Rico, porque yo apenas me acordaba de los traqueteos diarios de los políticos del país. Pero algo trastocó el ambiente: Obama nos sorprendió una noche con la noticia del asesinato de Osama Bin Laden, el enemigo público número uno de los Estados Unidos. Aquí todo cambio. Todos los medios de comunicación concentraron su atención en la noticia de la muerte de Bin Laden.

El público, mayormente el anglosajón, se les veía muy contento en las calles, y es aquí que puedo notar que movieron los pocos músculos que te hacen reír, pero luego todo cambio, lo que se observaba entonces eran caras de preocupación, temor y desconfianza. Todo el mundo esperando algún tipo de represalia de parte de los seguidores de este Osama, que son muchos más de los que imaginamos y que pueden hallarse dentro del propio territorio estadounidense.

Después de ese acontecimiento, cuando caminábamos por las avenidas notamos las miradas de la gente, como si hubieran cobrado conciencia de que al lado de ellos caminaban otras personas. Ahora estaban preocupados por ver quienes estaban a su lado. Si por casualidad se les parecía a alguien de la raza de Bin Laden cruzaban de inmediato la avenida y dejaban el pedazo limpio.

Indudablemente tomamos medidas de protección y suspendimos las visitas a sitios donde normalmente hay grandes concentraciones de personas. El sistema de trenes lo utilizamos al mínimo y dejamos de asistir a los juegos de los Yankees. En otras palabras, de nosotros también se apoderó el miedo a las represalias.

Cuando llegó el momento del regreso a nuestro terruño y cuando la lata voladora tocó tierra borincana, siguiendo la tradición de nuestros ancestros, aplaudimos delirantemente, reafirmando de que como nuestra gente, no hay ninguna. En ese instante me acordé de mi amigo Félix, que suele recordarme que "aunque nuestro vino sea malo, es nuestro vino y hay que tomárselo".

LA TECNOLOGÍA VS EL DIARIO VIVIR

Cuando quiero botar el estrés que acumulo por diferentes razones, una de mis opciones es trasladarme a casa de mi hijo a Nueva York, específicamente al área de Queens, desde donde cubrimos bastante terreno de Manhattan y demás condados cercanos.

Siempre he seguido la máxima de que un clavo saca otro clavo. Con esto lo que quiero decirle a los amigos lectores es que mi estrés lo boto mirando el estrés de los demás. Tal vez esto suene raro pero así me libero yo de la mayoría de los problemas y malos ratos que a diario acumulamos.

En las oportunidades anteriores que he logrado visitar esta fabulosa ciudad, y digo fabulosa si el viaje es de cinco o menos días, luego de ahí ya se convierte en un tormento ya sea por el frío, el calor, o por las muchas cosas raras que se ven en ella. Siempre algo aprendo de mi experiencia del viaje.

Anteriormente en una de mis visitas, dato que compartí con ustedes en mi artículo "lo que buscaba, lo que encontré y lo que traje", observé la descortesía del americano que no te dedicaba ni la simple frase "buen día" y menos que te mirara, éramos entonces invisibles para ellos hasta que mataron a Bin Laden. Luego de ese suceso entonces se vieron obligados a mirarnos a las caras, no porque de momentos les caímos simpáticos sino que se aterrorizaron y en todas las personas que les rodeaban veían a un posible terrorista.

Como del sistema anglosajón muchas cosas se pegan, ya muchos otros grupos están actuando de igual forma. Puedes ir en el tren y darte un mareo, caer al piso, y lo que hacen es retirarse para buscar espacio por sí vas a vomitar no le manchen sus zapatos. Pero lo que esta vez observé, y desgraciadamente lo he estado viendo en mi propio país, es otra forma de ignorar a nuestros semejantes.

Actualmente en ese país, donde algunas veces impera la locura, las personas cuando usan el sistema de trasportación, muchas veces se esconden detrás de un periódico, o se hacen el dormido cuando una persona de edad avanzada está de pie esperando que un alma piadosa le ceda el asiento. Ahora se añade algo más, y creo que es lo más peligroso que hasta ahora he observado, todo el mundo, incluyendo niños, damas y ancianos, están armados con un objeto llamado "celular" y con ese artefacto tienen la excusa perfecta para ignorar al mundo.

Con el celular ya no hay comunicación directa ni tan siquiera con Dios, pues hasta en las iglesias se ve a los feligreses en plena faena de sacar su aparato en medio de su rito eclesial, ya sea para enviar algún mensaje, entretener a su niño con algún juego en el mismo, o contestando la llamada recibida por este maquiavélico objeto.

Cuando el calor es insoportable, muchas personas deciden buscar comodidad en parques y playas, pero lo primero que llevan en sus mochilas es su aparato celular. Usted ve una pareja de novios cada uno con el suyo, pero no hay diálogo; están pendientes al celular. De grupos de familias ni hablar: cada uno de ellos con el suyo y si se ve algún intercambio de diálogo entre algunos de ellos, es que le está ayudando a entender cómo utilizar el aparato.

Los restaurantes, de cualquier nacionalidad, no están exentos tampoco. El único momento de diálogo es cuando traen el menú y hablan con el mesero. Pero espero no asombrar a nadie cuando les diga que el sistema de educación también ha caído en la manía tecnológica al pedirle a los estudiantes que para asignaciones busquen en sus equipos electrónicos, que están preparados para esto también, evitando con ello el que se cultive, por ejemplo, la lectura. Es más fácil recurrir al internet y preguntar cuál era la filosofía de un autor en particular y no tener que leer su obra para conocerla.

En otras palabras amigos, ya no te miran, no te hablan, ni te escuchan. Con esto acabo este escrito porque está sonando mi equipo y es un amigo de la Patagonia, con el cual tengo en proceso un juego de ajedrez y ya hizo su jugada...

DIOSITO AYÚDAME... QUE ESTOY CONFUNDIDO

Se levantó temprano. En la panadería hizo la parada habitual para comprar el pan que diariamente le llevaba a su anciana madre. Mientras hacía fila se escuchaban las estridentes noticias por la radio. Salió de allí aturdido, cruzó la Plaza Las Delicias y sintiendo la urgente necesidad de hablarle a Dios entró a la iglesia.

—Mi Diosito, recurro a ti porque estoy terriblemente confundido. Durante los últimos meses, o mejor dicho, los últimos años, he sido víctima de la confusión. No puedo determinar a cual bando debo pertenecer. Tan fácil que me resultaba cuando era muchacho. Desde el principio se sabía quién ganaría la pelea entre Roy Rogers y los bandidos. En aquella época, Charles Starrett se convertía en el Durango Kid y se acababa el evento. Cuando la pelea era contra los indios, y nos veíamos apurados, aparecían las casacas rojas a salvar la situación.

Pero hoy día el argumento incluye a un grupo que ha logrado controlar el poder judicial, ejecutivo y también el legislativo que me causa confusión. Ese grupo, que por un momento lucía como el muchacho de la película, ahora, a mitad de proyección, alteró el guión y sus asociados aparecen como los malos.

—Mi Diosito, no sé quién es el director de la película pero lo que se percibe es que masacran a la mayoría de las instituciones que prestigian el modo de vida colectivo imperante. Instituciones que ayudan a mantener la transparencia en todos los niveles del gobierno parecen destinadas a desaparecer. Con la descolegiación de los abogados, los médicos y otras posibles víctimas en turno, no vemos en la trama a nadie que salga en su defensa. Ni siquiera el Chapulín Colorao, que siempre aparece de la nada a levantar su chipote chillón y a dar un puño sobre la mesa para poner orden. Originalmente pensamos acudir a Superman pero a éste le dio por correr a caballo y tras una caída tronchó su futuro.

—Por otro lado, mi Diosito, mi confusión es cada día mayor porque en las praderas del país galopan varias pandillas, perdón, varias cuadrillas, que si logran hacer unas alianzas entre ellas, podría darse el caso, según ocurre en la mayoría de las películas, que al final, el regimiento de las casacas rojas ponga el orden y antes de terminar el filme, se consiga la tranquilidad y logren detener las intenciones de tiranía derechista del grupo reinante. Pero mi confusión es de tal naturaleza que veo a los posibles nuevos cheches de la película, tan parecidos a los refrescos light de dieta, que a la larga seguiríamos en las mismas condiciones.

—Mi Diosito, yo sé que tu trabajo es de tal naturaleza que no intervienes en los resultados de la política, los deportes, las religiones y ni siquiera en el Pega Tres.

— ¡Por favor Diosito, ayúdame que estoy sumamente confundido!

MIS AMIGOS

EL CIUDADANO WILFREDO BELPRÉ

Wilfredo fue, como uno dice, mi mejor amigo de la infancia. Ambos nacimos y nos criamos en la Ciudad Perdida. Correteábamos por la barriada explorando y descubriendo las cosas a nuestros alrededor. Su casa era mi casa, al igual que la mía era la suya. Cuando atardecía, si no era mi madre la que caminaba dos bloques a buscarme a casa de Wilfredo, era su abuela la que hacía el recorrido hasta mi casa a buscarlo a él.

Teníamos intereses similares, como dibujar, pintar y fabricar juguetes de madera rústica. A pesar de la diferencia en edad, fuimos amigos de Aníbal Collazo, pintor, dibujante, artista gráfico y caricaturista de gran calibre, que era nuestro vecino. Pasábamos largas horas observándolo, ya fuera frente al lienzo o en la mesa de trabajo haciendo tirillas cómicas que luego eran publicadas en el periódico El Imparcial.

En nuestros años escolares, desde el primer grado hasta el cuarto año, estuvimos siempre en el mismo salón, con los mismos maestros. Luego, ya camino a la Universidad, partimos por diferentes rumbos, él para el Colegio de Mayagüez y yo para la UPI en Río Piedras.

Durante mis estudios universitarios en Río Piedras, apenas tuve comunicación con Wilfredo ni sabía cómo le iba en Mayagüez. Ya graduado, regreso a Salinas y es cuando me entero que Wilfredo había dejado sus estudios y que padecía de alguna condición que deterioraba su salud mental.

Pasó mucho tiempo sin saber de Wilfredo, ya que su abuela no estaba presente y ningún conocido tenía noticias de él. No recuerdo cuánto tiempo transcurrió sin saber de Wilfredo, hasta que un día veo a mi amigo deambulando por las calles de Salinas. El impacto que me provocó aquella escena es indescriptible, solo recuerdo que no pude contener el llanto.

Estaba todo desaliñado, sin bañar y con la ropa hecha trizas. Hablamos en medio de la turbación de mi espíritu. Me indicó que era muy feliz así, pues estaba en comunicación directa con la naturaleza. Por una extraña sensación, percibí que verdaderamente era feliz y lo dejé quieto en su mundo. Por supuesto que nuestra amistad continuó y donde quiera que lo veía compartíamos y hablábamos de arreglar  los problemas del mundo, como también lo hacían mis padres y mis hijos que tampoco lo rechazaban.

Los que conocían a Wilfredo, especialmente los miembros de la clase de 1957, jamás lo rechazaron y cada cual lo ayudaba a sobrevivir como podía. Él pedía para comer y también para beber y así lo expresaba al grupo nuestro. Había veces que me pedía un dólar pero hacía la salvedad que era para tomarse una cerveza Heineken.

Otros lo consideraban como un loco sumamente inteligente. En una mochila guardaba sus utensilios de comer y un mechero para calentar la comida. Cargaba con un cartón de caja que guardaba doblado de cierta forma. Esa era su cama. A pesar de que tenía familia donde comer y dormir se sentía más feliz durmiendo en el atrio de la iglesia. Siempre llevaba un libro y un pequeño radio para leer y escuchar las noticias.

La vida de Wilfredo no se circunscribía a Salinas. Solía caminar a buscar ropa en el Salvation Army de Ponce y pasaba entonces semanas por esa zona. Cuando cerraron las oficinas del Salvation Army de Ponce, iba a la de Caguas, donde obtenía ropa y otras cosas que le daban.

El viaje a Caguas tardaba tres días caminando por la ruta de la Piquiña, pero habitualmente hacía una parada en el restaurante El Cuñado, donde le daban comida y alojo en un pequeño cuarto. En agradecimiento, Wilfredo participaba en la limpieza del negocio. Al regreso de Caguas, tomaba la misma ruta y hacía la misma parada.

Durante un tiempo notamos la ausencia de Wilfredo en Salinas más allá de lo acostumbrado. Como solía irse a otros pueblos, asumimos que regresaría en cualquier momento.

Un día, durante una visita a la agencia que yo solía visitar en Ponce, escuché una conversación entre compañeras de oficina, en la que una de las damas contaba que ella estaba observando en la calle donde vivía, la presencia de un loco nuevo que era muy sabio. Al describirlo, tuve la corazonada de que se trataba de Wilfredo. Cuando pude hablar con la empleada a solas, le expliqué mi corazonada solicitándole que cuando viera al loco lo llamara por su nombre, Wilfredo Belpré.

La semana siguiente regresé a Ponce y tan pronto la compañera me vio, me contó su encuentro con el loco, y lo que logró hacer con él. Cuando lo llamó por su nombre, lo sorprendió de tal manera que Wilfredo le pidió que le explicara por qué ella sabía su nombre. Nadina Trías, que así se llama mi compañera de trabajo, no solo ese día le dio comida, sino que también lo alojó en un pequeño apartamento detrás de su casa. Wilfredo aceptó la ayuda al saber que era mi compañera de trabajo.

Al terminar la jornada del día, Nadina me invitó a su casa para que viera la condición de Wilfredo. Así lo hice y cuál fue mi sorpresa al ver a Wilfredo en el apartamento leyendo, bañado, recortado, afeitado y muy bien vestido. Todo esto, obra de Nadina, quien junto a su esposo y sus dos hijos habían adoptado a Wilfredo.

De esa manera Wilfredo regreso a una vida normal en donde recibió el cariño de esa familia. En ese apartamento lo visitamos varias veces Marcialito, su hermano, y yo para saber de él y a llevarle dos libros que me pidió: Las Crónicas del Cid y un poemario de Don Luis Muñoz Rivera.

Tres meses más tarde, regresé a Ponce donde me recibió Nadina envuelta en llanto. Me dio a leer una carta de Wilfredo. Era una carta de despedida, en la que agradecía a ella y a su familia la amistad y las atenciones que le ofrecieron. Reiteraba sin embargo, que esa no era la vida que lo hacía feliz. Wilfredo regresó a donde verdaderamente él se sentía feliz... como un deambulante.

Varios meses después me lo encontré en la plaza de Salinas, tal como acostumbraba a estar, con su mochila y su cama de cartón. Recordé entonces lo que desde su noble corazón, con palabras y en silencio, me decía: lo feliz que se sentía caminando en comunión con la naturaleza.

Seis o siete meses después noté su ausencia de nuevo, pero esta vez me enteré que estaba recluido en el Hospital Cristo Redentor de Guayama a causa de una pulmonía, de donde el Gran Arquitecto del Universo lo rescató.

CABO RAFA

La historia de un pueblo también registra las actuaciones de personas que se distinguen en diferentes facetas como el deporte, la cultura, lo religioso o lo político. Los historiadores utilizan regularmente estos personajes en la reconstrucción del quehacer histórico de una comunidad.

La obra de escritores, cuentistas y novelistas son también fuentes de información para contextualizar la historia no sólo de un pueblo sino también de un país.

En lo que a mí concierne, no cualifico para ninguna de esas facetas porque sólo soy un ciudadano común, pendiente a todo lo que pudiera ser de interés y que por alguna razón no se le ha dado la importancia que merece.

En pasados escritos he difundido la historia de logros y honores recibidos por compueblanos de los cuales todos nos sentimos orgullosos. Muchos de ellos, han recibido el reconocimiento oficial por parte de las autoridades locales. Pero hay algunos personaje que son también parte de nuestra población, cuya historia se desconoce, y lo más triste es que son ignorados o casi rechazados en la comunidad.

Son muchos los ejemplos que podría mencionar de estos compueblanos que han pasado sin pena ni gloria por nuestra comunidad, aun cuando han sido piezas claves en el diario vivir del pueblo. Entre ellos hay personas que brindaban un servicio profesional a la comunidad, y digo profesional porque este título no sólo lo cargan los que estudian en las universidades, ya que existen muchos oficios que no todo el mundo puede llevarlos a cabo y se considera todo un profesional al que logra ejercerlo.

Luego de esta necesaria introducción procedo a presentarle a nuestros lectores a uno de estos profesionales que por razones variadas terminan siendo uno más en el pueblo y mucha veces etiquetados como deambulantes.

Rafael Rodríguez Santell es un salinense de pura cepa, que en la década de los cincuenta fue alto honor de su clase. En la Escuela Vocacional de Guayama logró completar estudios en electricidad y graduarse de cuarto año. Mediante estudios por correspondencia logró hacerse técnico de radio y televisión, servicio que estuvo brindando a nuestro pueblo hasta que llegó al mercado el sustituto del tubo de cristal, el "transistor", hecho que revolucionó la tecnología de la radio y la televisión, sacando con ello de la profesión a muchos técnicos, ya que igual que sucede con los zapatos hoy día, tanto los radios como los televisores son desechables.

Rafael hoy día recorre nuestro pueblo en bicicleta, recogiendo latas y todo desecho al que se le puede sacar una peseta. Muchos lo consideran un deambulante por su apariencia física pero desconocen de la calidad de hombre que encierra su fachada.

Pero veamos algunos datos de Cabo Rafa, como lo conocemos sus más allegados amigos. Nació un 24 de octubre de 1935, el día de San Rafael, en Talas Viejas. Su madre, natural de Juana Díaz, fue María Eugenia Rodríguez Torres, de quién se dice era pariente cercana del poeta Luis Llorens Torres. Su madre, luego de separarse de su primer esposo, se unió en segundo matrimonio con Francisco González, un utuadeño a quien Rafael considera como su padre.

Cuando Rafa cumplió los cinco años de edad, esta familia se establece en la barriada Borinquen, donde nuestro amigo crece y se desarrolla, hasta hace par de meses que por causa de un incendio, pierde su casa y se refugia en una abandonada casa en el sector de Los Poleos.

Su niñez fue una normal y durante su adolescencia servía a la comunidad trabajando como limpiabotas y vendedor del periódico El Mundo, en una ruta que caminaba todo el pueblo de Salinas.

Hoy día, a los 78 años de edad, Cabo Rafa cuenta con una envidiable facilidad para recordar nombres y eventos. Da gusto conversar con él y oír tantas anécdotas, muchas de ellas desconocidas por mí, a pesar de que la diferencia de edad es poca entre nosotros. Siempre habla de la primera estación de peaje establecida en Salinas, en el Río Nigua, que al crecer el mismo, un grupo de jóvenes bajo las órdenes de Emiliano Zayas y de su propio hermano Santini, ponían unos tablones sobre las piedras del río para que los residentes de Borinquen pudieran pasar hacia el pueblo, servicio por el que cobraban cinco centavos.

Rafa aún recuerda sus días en los grados primarios y de escuela intermedia en Salinas, recordando con mucho cariño a Miss Surita, a Míster Dones y a los estudiantes que fuimos sus compañeros de escuela. Recuerda también con deferencia especial al hoy doctor Anaya, al licenciado Félix Edgardo Rodríguez, hermano de Nandy Rodríguez, y a Q Bigball, quienes fueron los que lo acompañaron al examen para entrar al ejército.

Recuerda también su círculo de amigos del barrio Borinquen con quienes a diario compartía, entre ellos Juan Velázquez Moreno, mejor conocido por Guango el Cojo, Juancho, quien era una de las personas más serviciales del pueblo y quien para sorpresa de todos, terminó quitándose la vida, y con el famoso y muy conocido por todos Casimiro Febus Lleras, nuestro Cacho. Con este último, Rafa hizo un pacto durante el entierro de Juancho, de que el que sobreviviera de ellos dos tendría a cargo la ceremonia de despedida de duelo en el cementerio. Poco tiempo después murió Cacho y Rafa y el alcalde Társilo Godreau despiden el duelo. De hecho, no ha sido la única despedida de duelo hecha por Rafa, también recuerda haber despedido a Daniel Navarro, quien trabajaba en el billar de Abelardo, y también a Don Fernando Mercado, residente de Borinquen, quien fuera un líder obrero.

Vale decir que el que no conoce a Rafa y crea que es uno más de los mantenidos por el gobierno, se equivoca. Este ser humano no acepta ningún tipo de ayuda gubernamental, ni pide dinero, ni tiene ingreso alguno, que no sea por la venta de latas, pues no obstante haber trabajado por bastante tiempo, ni seguro social intentó solicitar.

Los que han tratado de inscribirlo en el Programa de Cupones para que tenga una dieta balanceada, saben que lo rechaza de plano, indicando que lo único que heredó de su madre fue el orgullo y sería indigno para él que el gobierno lo mantenga. Rafael Rodríguez Santell, el Cabo Rafael...nunca ha sido un deambulante sino un hombre humilde y trabajador de los muchos que hay en la Comarca del Cacique Abey y del cual muchos tiene que aprender sobre la dignidad de la persona humana.

EL FOQUITO DE DON JUAN

Al final del lado norte del malecón de Salinas existía una pequeña estructura de madera que por años fue utilizada como tienda. Se desconoce cuándo fue establecida esta tiendita pero nuestros informantes la sitúan allí desde los años 1950. De acuerdo a Angie Moreno, hijo de Don Miguel Ángel Moreno, al que todos llamaban Angelito, su recuerdo lo lleva a creer que el primer ocupante del negocio fue alguien conocido como Totó, quien le alquiló la estructura a Juan Ayes, el dueño del local.

De acuerdo a las personas que ayudaron a recopilar la información sobre El Foquito de Don Juan, Totó acostumbraba matar gatos y prepararlos en tremendos fricasés. Fueron muchos los que probaron esos guisos prohibidos en la Tiendita de Totó. En aquellos años, éste era el único colmado del área, por lo cual era muy frecuentado por vecinos de Borinquen, el Malecón, el Caserío Modesto Cintrón, Caño Verde y de los Solares del Caserío.

Además de colmado, el negocio era un cafetín barra y sitio de juego, ya que ahí a diario venían los mejores jugadores de dominó del pueblo. Este colmado-cafetín dependía mayormente de la venta de pan, arroz, leche, habichuelas, harinas de maíz y trigo, bacalao y toda clase de viandas. Por supuesto, no faltaba la venta de bebidas alcohólicas, incluyendo su caneca de pitrinche. Para esa época el pan costaba unos 12 centavos la libra, la cerveza una peseta y la leche, 39 centavos el litro.

El colmado luego fue alquilado por Don Peyo Moreno, padre de Miguel Ángel Moreno, Angelito. Este último se convirtió

eventualmente en el dueño, hasta que finalmente se lo pasó a Don Juan Rodríguez Ortiz, su amigo de muchos años.

Antes de poseer el colmado, don Juan Rodríguez Ortiz era uno de los más consuetudinarios clientes. Don Juan venía a pie desde la comunidad Las Ochenta para hacer su compra semanal. Don Juan, un hombre humilde, honrado, y trabajador acostumbraba viajar todos los años como trabajador agrícola a la recolección de tomates en Glassboro, New Jersey. Durante ese periodo de tiempo, Angelito le fiaba la compra a su familia y Juan le pagaba cuando regresaba de los Estados Unidos una vez terminada la temporada de cosecha en las fincas de tomates.

La amistad de Angelito y Don Juan era de tal naturaleza, que en un momento dado Angelito decide abrir un colmado en el Caserío Modesto Cintrón y le deja la tiendita a Juan, completamente equipada de mercancía para que éste la administrara y no tuviera que viajar fuera del país. De esa manera surge el colmado El Foquito de Juan.

Don Juan comienza a operar el negocio en el 1957 o 1958 y al igual que Angelito, siguió la tradición de fiarles a los tomateros de su confianza. También estableció para los niños la pica del vasito en la venta de los límber. Este juego de probar suerte consistía en intentar colocar una moneda de un centavo dentro de un vasito de cristal. El vasito de tomar licor se colocaba dentro de un frasco grande lleno de agua, cuya tapa tenía una pequeña abertura por donde el niño echaba la moneda. Si caía dentro del vasito, tendría derecho a un límber gratis, en adición al que compró.

Algo curioso que recuerdan los clientes del Foquito de Juan es que habitualmente había un pollo encima del mostrador. Este pollo fue empollado debajo del compresor de la nevera. Aparentemente, uno de los huevos que solía poner una gallina cerca del congelador se rodó, quedando debajo del compresor. El calor sirvió de incubadora y provocó que naciera este pollo sin su madre, el cual terminó criándose dentro del local. Desde pollito se convirtió en la mascota de la clientela que acudía diariamente a saciar la sed al local. Como tal, se paseaba tranquilamente entre ellos, alguno de los cuales le daban a tomar cerveza, hasta sufrir de los mismos mareos de un borracho.

Para el año 1972, Don Juan entregó el negocio a Millito Quiñones, quien había heredado la propiedad de su padre Juan Ayes. Posteriormente El Foquito de Don Juan fue destruido, quedando solo el espacio vacío donde antes muchos de nuestros conocidos pasaron buenos ratos.

LOS ZAPATEROS DE SALINAS

Hace miles de años, el ser humano comenzó a utilizar zapatos, obligado por la necesidad de proteger sus pies contra las inclemencias del tiempo y los peligros del ambiente. Tras ese hecho, apareció el oficio de zapatero hace más de 15 mil años. Según Wikipedia, este oficio estaba revestido de mucha importancia, al extremo que reyes y faraones tenían sus propios zapateros, los cuales les confeccionaban sus sandalias, dándole un toque personal al trabajo.

Al principio, la responsabilidad de llevar a cabo este oficio recaía en las féminas, que entonces confeccionaban el calzado de toda la familia. Cuando fue cobrando forma la división de los trabajos, la responsabilidad se asignaba a un miembro en particular de la familia, y no necesariamente a la mujer.

Cuando surgió el oficio de zapatero en sí, como tantos otros, su práctica pasó a convertirse en una tradición familiar. Si el padre era zapatero el hijo asumía el puesto luego del retiro de éste, aunque no necesariamente esta fuera la regla establecida.

El oficio del zapatero revestía tanta importancia en la sociedad al punto de que los zapateros contaban con protección divina. De acuerdo a una leyenda francesa, los zapateros nombraron como su santo patrón a los Santos Crispino y Cipriano, unos hermanos que durante el día predicaban el Evangelio y en las noches confeccionaban zapatos para distribuirlos gratuitamente entre los pobres. Hoy día, el Santo Patrón del Zapatero es celebrado el día 25 de octubre de cada año.

Noé Ten

En Puerto Rico la práctica de este oficio está también vinculada, en la mayoría de los casos, con una tradición familiar. El mismo ha ido pasando de generación en generación y en su forma artesanal se le considera como el oficio que se niega a morir.

En nuestra isla, el oficio de zapatero tampoco está reservado al hombre únicamente, ya que en la actualidad hay varias damas ejerciendo la profesión. Recordamos el caso de una zapatera que ejerció por más de cuarenta años en un negocio llamado New York Shoe Repair en el área de Santurce. También había zapateras en Guaynabo, Carolina, Hato Rey, y Mayagüez, pero desconozco si actualmente queda alguna ejerciendo el oficio.

En nuestro pueblo de Salinas también el oficio tiene rasgos de tradición familiar. Hasta donde tenemos conocimiento, en la historia de nuestro pueblo se cuentan sobre doce zapateros, la mayoría de ellos siguiendo una tradición de familia.

A pesar de la poca información sobre nuestros primeros zapateros, en el libro "Salinas de Sal y Azúcar" de Doña Ligia Vázquez Bernard de Rodríguez, menciona que a principio del siglo veinte, en nuestro pueblo ejercían como zapateros los señores Juan Atilano, José Feu, y Pedro Pérez. En el 1930 ejercían este oficio Félix Francisco y Francisco Ortiz. Este último luego fue electo alcalde del 1937 al 1941. Al señor Ortiz le sobrevive su hijo, el insigne abogado salinense Vicente Ortiz Colón.

En lo que denominaremos como época moderna, es decir, las últimas tres décadas, en Salinas figuran como zapateros, Don Benigno Pérez, conocido como Don Nino, quien tenía un hermano mayor zapatero, radicado en Cayey, Don Noé Ten, Don Miqueas Ten, su hermano, Don Juan López Santiago y Juan López Bones, su hijo, quien actualmente es la única persona que ejerce este arte en nuestro pueblo. Como rasgo sobresaliente, cabe mencionar que fueron y son personas consideradas unos caballeros en todo el sentido de la palabra.

Una de nuestras colaboradoras, la señora Ana María Sierra Pérez, hija de Doña María Evangelina Pérez, mejor conocida como Doña Lan, me puso en conocimiento de que también existió un zapatero en la calle norte de la plaza de mercado, calle Sánchez López. Este tenía el taller en su propia casa. De momento no recordó el nombre pero sí recordó que su hija se llamaba Doña Carmen Pérez, quien era la madre de nuestra amiga Isabel Rivera "Chan", la esposa del licenciado Dante Rodríguez Sosa. Estoy seguro que Dante nos hablará un poco sobre "El Maestro Paco" como era conocido, según me enteré luego por otros amigos.

Por otro lado, en una conversación que sostuve con Sócrates Alvarado, éste me indicó que había un caballero de la Playa y tenía un pequeño espacio detrás de la tienda de Don Miguel Vázquez en la calle Muñoz Rivera, donde ejercía como zapatero. Lo único que recordaba de él es que su nombre era Locadio y le decían "Don Loca". Este zapatero era de los años cuarenta, antes de Noé, Miqueas y Juan López.

Félix M. Ortiz Vizcarrondo e Isaac Meléndez González, otro de nuestros colaboradores, me confirmaron la información que obtuve de Sócrates Alvarado. Pero además mencionaron un zapatero ambulante al cual se le conocía como "Tarzán" porque tenía el pelo largo al estilo de ese personaje. Éste cargaba su equipo hasta la Plaza de Mercado y se sentaba fuera de ella frente a la calle Sánchez López. Tarzán vivía en la calle Monserrate, esquina Eduardo Conde de la Ciudad Perdida y era hermano del famoso receptor de los Maratonistas del Coamo AA Maraco Picó, quien aún vive.

En la calle Monserrate existieron varias zapaterías al mismo tiempo. El taller de Don Benigno Pérez Brignoni (Don Nino), estaba en la planta baja de la edificación que conocíamos como La Casona Mattei, estructura que hacía esquina con la calle Baldorioty y donde una vez existió la barra de Chano y posteriormente el billar de Abelardo. Frente a Don Nino, en un edificio de ladrillos que existió entre el negocio de Doña Domitila y el Cuartel de la Policía, ubicado en una estructura que hacía esquina con la calle Muñoz Rivera, frente a la Plaza Delicias, estaba el taller de Miqueas, cuyo ayudante era Pedro Juan Moreno, mejor conocido por Guango el Cojo. En la misma calle Monserrate, no muy lejos de esas dos zapaterías estaba la de Don Noé Ten y su ayudante "Panón". Esta última luego fue mudada para la Calle José Celso Barbosa, al lado de la casa de la familia de Efrin Ramos. La zapatería original de Juan López Santiago quedaba también en la misma Monserrate al lado de la tienda de Don Vidal Díaz, padre del doctor Felo Díaz. El más famoso cliente de don Juan López era el Gigante de Carolina a quien le preparaba las enormes chancletas que usaba.

Don Nino, el más antiguo de ellos, era el que le suplía los materiales necesarios a las demás zapaterías. Todos los lunes viajaba a Río Piedras a comprar los materiales necesarios para su taller y los encargados por las demás zapaterías del pueblo.

Quiero también traer a la memoria de nuestros lectores el hecho de que antes de que existiera la famosa tertulia conocida como el Senado en los bancos del redondel de la Plaza Delicias, un sitio de reunión para tertuliar era la zapatería de Don Nino. Allí entre otros participaban Blas Buono, Manolo el Marshal, Sanito, y otros residentes de nuestro pueblo.

Pero vamos a la época actual, tomando como fuente directa a Juan López Bones, el único zapatero que queda en Salinas. Con el propósito de escribir esta reseña lo entrevisté para nutrirme de todo lo relacionado a esta profesión, incluyendo conocer la maquinaria moderna así como algunas herramientas antiguas que aún tienen vigencia en la confección y arreglo de zapatos.

Juan aprendió el oficio de zapatero desde que tenía seis años de edad, pues una buena parte de su vida transcurrió en la zapatería de su padre. Muchos años después, al faltar su progenitor, asumió el oficio trabajando en el mismo taller de la calle Monserrate, donde por años ejerció su padre el arte del zapatero. Luego mudó la zapatería a uno de los puestos de la Plaza de Mercado y por último, decidió establecer el taller en su propia casa en la barriada Carmen de Salinas, desde donde actualmente brinda sus servicios.

Ya Juan tiene 40 años de experiencia en esta profesión, por lo que creemos que en los próximos años ya estará pensando en su retiro, aunque nos indicó que "mientras el cuerpo aguante...pa'lante".

Este humilde trabajador me indicó que para esta profesión no se augura un futuro prometedor ya que para empezar, el zapato de hoy día es "desechable". Pocas personas compran zapatos a los cuales se les pueda poner una media suela o cambiarle un taco. El zapato de hoy día es el prototipo del refrán "lo botaron como zapato viejo".

No obstante, nuestro zapatero ha tratado de diversificar su negocio, trabajando en la preparación de sillas de caballo y otros artículos relacionados al cuero, lo que ha mantenido vivo su taller. También mantiene una estrecha comunicación con zapateros de otros pueblos tratando de que no muera este oficio.

En los últimos años, su mayor clientela eran los militares que venían al Campamento Santiago, pero un cambio en el diseño del calzado militar también afectó a las zapaterías. Antes, a las botas militares se le podía cambiar los tacos pero ahora el diseño no lo permite.

En mi visita a esta zapatería logré ver la maquinaria para realizar el trabajo, que el zapatero moderno tiene en su taller. Complementando la maquinaria, en la zapatería de Juan aún quedan algunas piezas de colección que todavía se utilizan. Entre ellas está la chaveta, instrumento muy necesario para abrir la suela del zapato al que se le cambiará la misma. La bigornia, que es un instrumento que se utilizaba encima de los muslos del zapatero para sostener el zapato y poderlo clavetear. Luego apareció una nueva versión, donde a la bigornia se le añadió un soporte que le permite al zapatero trabajar de pie. Otra de las herramientas más antiguas que el zapatero puede aún usar es la conocida como patimula, que se utiliza para darle la terminación al borde de la suela. Hoy día se utiliza una pulidora eléctrica. En el caso de Juan, tiene dos que fueron fabricadas por Don Nino Pérez, por lo que deben tener sobre 70 u 80 años de construidas.

Para terminar este escrito quiero compartir una curiosidad que no he podido corroborar si con los zapateros de otros pueblos de nuestra isla ha sucedido igual. Hemos estado diciendo todo el tiempo que el oficio del zapatero en la gran mayoría de los casos se ha establecido por tradición familiar. En Salinas en un principio fue así pero después de un tiempo hacia acá, las generaciones que sustituirían a estos zapateros, han decidido buscar otros horizontes y en nuestro caso en particular han incursionado en el béisbol profesional.

Ejemplo de ellos los tenemos con Don Noé Ten: sus hijos Radamés e Israel firmaron como profesionales con el equipo de los Leones de Ponce, donde se destacaron en este deporte. Los hijos de Don Nino, Luis Felipe Pérez (Villodas) y Pedro Jerónimo Pérez (Nomo), fueron integrantes de los Cangrejeros del Santurce. El sobrino de Don Nino, Rogelio "Titi" Pérez, jugó con Caguas y Ponce, destacándose también en este deporte. En el caso de Juan López Santiago, éste dedicó parte de su vida a jugar béisbol profesional con los Indios de Mayagüez y su hijo también le dedicó un tiempo al béisbol organizado.

En cuanto a Juan López Bones, nuestro único zapatero activo, la tradición aparenta que tampoco funcionará, ya que a su hijo Jonathan, los Gigantes de San Francisco le están costeando sus estudios colegiales con miras a firmarlo tan pronto termine los mismos.

Como pinta este cuadro en nuestro pueblo aparentemente estamos disfrutando de los últimos años del oficio que se ha negado a morir...

HERRAMIENTAS USADAS POR LOS ZAPATEROS

Colección de Juan López

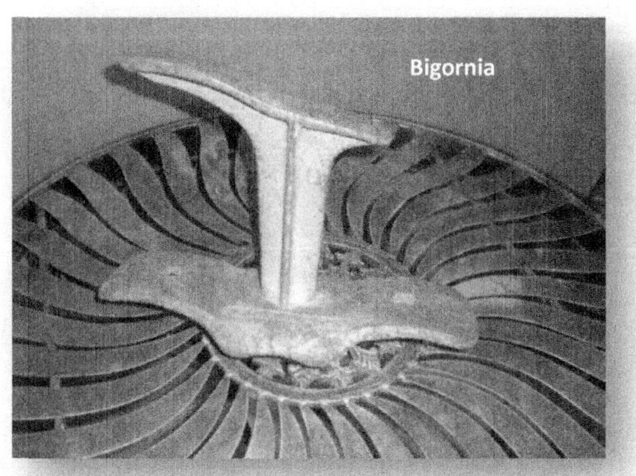

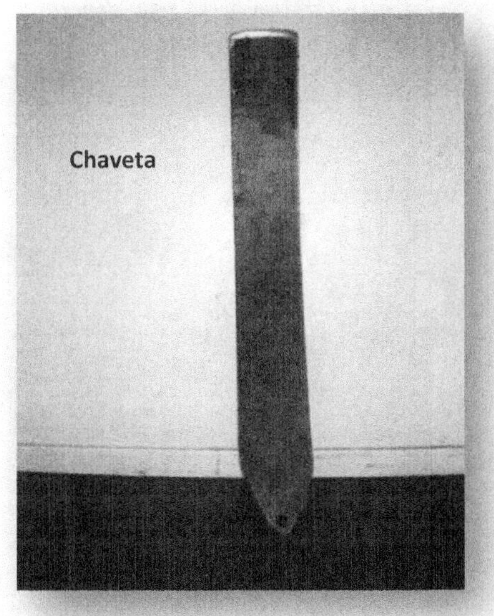
Chaveta

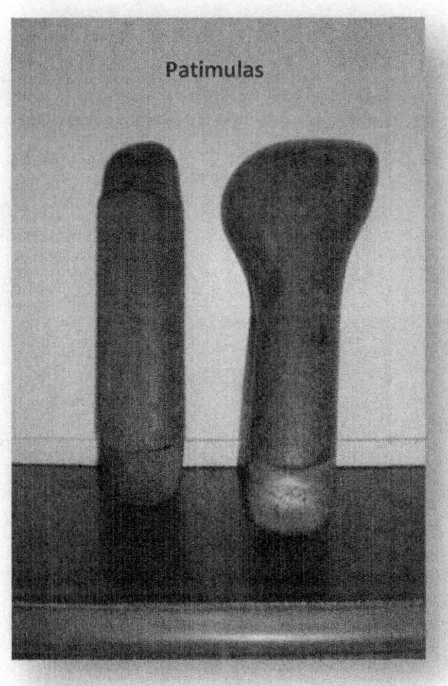
Patimulas

Máquinas de coser

LA YEGUA HERIDA

El folclor salinense se enriquece con decenas de historias, anécdotas, cuentos y leyendas nacidos de la convivencia diaria y de la imaginación de cuenteros y juglares pueblerinos. Pertenecen a esa tradición oral historias como la del Jacho Centeno, el Juey que paró el tren, la Llorona, la perra que acompañaba los entierros desde la iglesia al camposanto y regresaba a la iglesia a esperar el próximo, del enorme juey convertido en padrote y cientos de anécdotas ocurridas a personas del campo y del pueblo. En fin, hay material para que nuestros nietos curiosos cuenten y cuenten hasta el final de los tiempos.

Pero también hay muchas historias, que para la gente pueden sonar increíbles pero que sí ocurrieron. Tengo varios amigos que han montado un nuevo Senado en la Plaza Las Delicias los domingos en la mañana. En ese foro de tertulianos Tito Picolino, como lo llamamos de cariño sus amistades, contó la anécdota de la casa bote "La Yegua Herida".

Hace ya varias décadas, a un grupo de amigos se le ocurrió construir una embarcación extraordinaria, poco vista en las costas de Salinas. Además de ser un vehículo de esparcimiento y de pasar buenos ratos, pensaron que a la larga cumpliría un propósito turístico en el litoral de Salinas, tal como lo hace hoy la embarcación "La Paseadora".

Con denodado afán hicieron los trámites para conseguir los materiales necesarios para su construcción. Decidieron utilizar la residencia de Tito Picolino como sede del astillero. Luego de varios meses se terminó por fin de construir la embarcación. Un navío, estilo Noé, el del diluvio, a la que bautizaron con el raro nombre de "La casa bote La Yegua Herida" no sin antes chispearla con las bebidas espirituales que tenían a mano.

A esta embarcación le instalaron un motor de un automóvil Studebaker al cual le invirtieron la trasmisión para convertirlo en uno marino.

Aquí empezaron los problemas... Fue necesario tumbar una pared de la casa de Tito, porque no midieron cuán grande quedaría la embarcación. Trasportarla hacia la Playa desde Talas Viejas fue una odisea, pero lograron tirarla al mar.

Para el grupo constructor, compuesto por Tito Picolino, Víctor Juan, Jorge Lanausse, Fonsito Cruz, y de vez en cuando Don Moye y el Sargento Blakey, fue un momento de euforia pues la casa bote navegó muy bien en nuestro Mar Caribe, aunque con un inesperado problema. Como el motor estaba alterado, si tenían que virar a la izquierda el timón había que girarlo a la derecha, o para un viraje a la derecha había que darle vueltas al timón hacia la izquierda. En lo que se acostumbraron a manejar la embarcación según su inusual mecanismo que obligaba a hacer las cosas al revés, fueron muchos los chascos que tuvieron con la casa bote.

Luego de dominar el funcionamiento de la casa bote, los tripulantes perdieron el miedo y empezaron los viajes hasta el islote de Caja de Muerto, cercano a Ponce. Este viaje lo hicieron varias veces con la despensa llena de cervezas, ron, whiskey y el acompañamiento en todos los viajes de un ollón lleno de gazpacho.

Todo fue normal hasta que una tarde regresando de Caja de Muerto, un mal tiempo cubrió los cielos y los rayos y centellas metían miedo. Una ola gigante partió la embarcación, dejándola a la deriva hasta encallar en el manglar. Sin medios de comunicación y sin maneras de controlar el navío, estuvieron perdidos unos cinco días, comiendo gazpacho hasta que fueron rescatados.

No estoy seguro de lo que Tito dijo sobre el destino final de la embarcación. Pero lo que sí entendí es que todos ellos salieron ligerito de la casa bote, por buen tiempo no comieron gazpacho y hasta el sol de hoy ninguno sabe ni le interesa el paradero de la famosa Yegua Herida.

Y para los incrédulos, aquí está el retrato de la Yegua Herida como evidencia de que esta historia es verídica.

EL ¡TÁN...CAYÓ! DE CACHO

Dicen que Cacho enfermó de la mente de tan inteligente que era. Caminaba todo el pueblo cantando coplas subidas de color y rompiendo el silencio de golpe y porrazo gritando: ¡tán... cayó! Pero no siempre le fue celebrado aquel grito imprevisto como solíamos hacerlo cotidianamente.

Como dice un adagio hay sitios y sitios.

Una mañana de mucho sol y calor se estaba llevando a cabo una vista judicial en la antigua Corte Municipal de la calle Baldorioty. Oficiaba la vista el Honorable Juez Carlos Manuel Dávila, hombre bonachón y portador una perenne sonrisa a flor de labios. En el preciso momento que dictaba sentencia contra el acusado, Cacho, que pasaba frente a la puerta de la corte, soltó varias veces su sonora frase "¡tán cayó!", rompiendo la solemnidad de la sala de justicia. Aquella escandalosa interrupción causó risas y algarabía, lo que encolerizó al juez. De inmediato ordenó el arresto de Cacho y lo sentenció a un mes de cárcel. Durante el tiempo en prisión, en las calles de Salinas se dejaron de escuchar las canciones Mi Fotingo y Vecina, Vecina y el inesperado "¡tán... cayó!" de Cacho.

LOS HÉROES ANÓNIMOS

En los próximos días darán comienzo los Juegos Olímpicos a celebrarse en Londres, Inglaterra. Una vez más, nuestro país estará representado por un grupo de competidores que llevan en su mente dar el máximo de sí mismo y lograr darle gloria a nuestra querida isla.

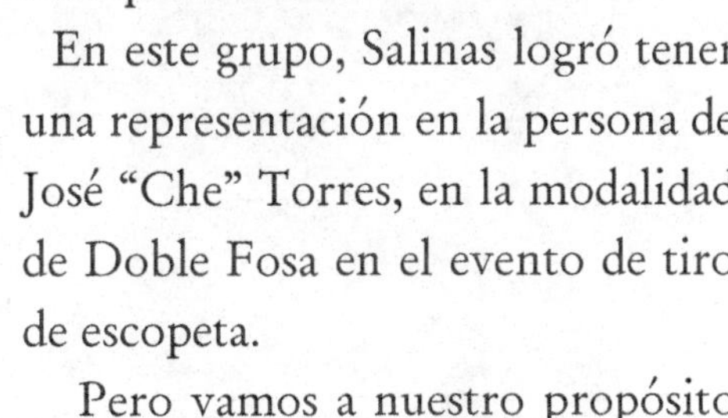
José "Cheo" Torres

En este grupo, Salinas logró tener una representación en la persona de José "Che" Torres, en la modalidad de Doble Fosa en el evento de tiro de escopeta.

Pero vamos a nuestro propósito de llamar este escrito como "los héroes anónimos". El atleta no se hace solo y nunca va sin la presencia de un adiestrador a una competencia. Es necesario tener un adiestrador a su lado que lo guiará en muchos aspectos necesarios para tener una buena actuación. A esta persona es a la que bautizo como el héroe anónimo de la competencia. Lo llamo así porque en la mayoría de las ocasiones de una buena actuación del atleta, esta persona pasa desapercibida hasta por el propio atleta.

Cuando hay un logro del atleta, inmediatamente es colmado de elogios y la pregunta clásica que se le hace es "¿a quién le dedicas este triunfo?" Regularmente las contestaciones varían desde "primero a Dios y luego a mingo, mengano, perencejo, y hasta la madre de los tomates..." La mayoría de las veces, su entrenador, que está a su lado, permanece en el anonimato.

Ahora, sí que tenemos unos momentos en donde nuestro héroe anónimo tiene sus quince minutos de fama... Cuando el atleta falla en obtener la victoria. El mejor ejemplo de esto, donde más abunda la búsqueda de excusas para la derrota, es en el boxeo. Regularmente se termina pidiendo la cabeza de la esquina...y de esto no están exentos otros deportes.

Pero hablemos de algunos héroes anónimos que son Salinazos verdaderos. Les puedo mencionar a un Efraín Maldonado Raspaldo, actual entrenador de lanzadores del equipo Ponce Leones, de la Liga de Béisbol Profesional Roberto Clemente de Puerto Rico. Tenemos a un Joe Santiago, quien llevó a Miguel Cotto a defender su título de campeón ante el filipino Manny Pacquiao. En el deporte de Halterofilia "levantamiento de pesas", tenemos a un Julito Martínez, quien ha sido adiestrador de muchas glorias que hoy se han destacado en este deporte tanto en nuestra isla como en el exterior.

En boxeo tenemos un Carlos Espada Cruz, hijo de Ángel "Cholo" Espada, otrora campeón mundial del peso mediano. Carlos en este momento está trabajando a un grupo de prospectos que ya están despuntando en este deporte.

Por otro lado, tenemos a José Heriberto Rodríguez, a quien todos conocemos mejor por PPH. Su labor profesional es la de dar servicio sicológico a los atletas de las diferentes delegaciones de Puerto Rico, servicio que presta desde las facilidades del Albergue Olímpico de Salinas.

Un ejemplo de su productiva labor la hizo patente recientemente, el actual campeón de los 400 metros con vallas

Santos Alomar

Javier Culson, quien reconoció su adelanto en este evento desde que ha estado bajo la tutela de PPH.

En béisbol no se puede dejar de mencionar a Santos Alomar Vázquez (Sandy Alomar), que se desempeña como asistente del dirigente de los Indios de Cleveland. Como coach de banca le corresponde asistir al dirigente en la estrategia del juego y determinar qué jugador posee las destrezas para enfrentar situaciones particulares durante el partido.

Por último, tenemos a un representante de una quinta década de la familia de tiradores de escopeta Los Torres, del Coco de Salinas. El joven Alfredo Ortiz Torres "Fredito", es el actual entrenador de su primo José "Che" Torres, nuestro representante en los Juegos Olímpicos del 2012 en Londres, Inglaterra.

Todos estos adiestradores o entrenadores son, como les mencione anteriormente, naturales y criados en la comarca del Cacique Abey, pero honestamente pasan sin pena ni gloria, pues la gran parte de nuestros compueblanos no han tenido la oportunidad de conocer los logros obtenidos por estos héroes del deporte, por falta de un compromiso verdadero de las personas que tienen el deber de velar por el desarrollo, no solo deportivo, sino también cultural e histórico de nuestro Salinas.

RELATOS ANECDÓTICOS

¿QUIÉN SOY?

¿Pero quién soy? Yo mismo no lo sé y no es nuevo en mí desconocerlo.

Hace mucho tiempo tengo la inquietud de querer entender esta situación...Hasta donde me lleva el recuerdo, mi percepción ha sido que nunca he sentido lo que es amor de alguien hacia mí, ni he recibido muestras de ternura verdadera ni de mi propia sangre.

¿Quién soy? y ¿por qué?...¿Qué propósito el Creador, con quien me comunico a diario, ha tenido para mí, si a esta altura me desconozco...¿Quién soy? El ser humano que cargo creo que es uno tierno y amoroso, lo he sentido en muchas ocasiones, pero para otros no irradio esa percepción...por eso me pregunto... ¿Quién soy?... ¿Cuándo el Ser Supremo me dejará entender este dilema?

AL FIN ME VI

Luego de cierta resistencia, fui operado de catarata en ambos ojos. El resultado fue una tremenda mejoría en lo que antes veía y lo que ahora estoy viendo.

Mi nieta Karla, fanática del Internet, me comentó que nuestro cerebro tiene formas maravillosas de actuar, de las que muchos de nosotros no nos percatamos. Por ejemplo, la nariz del ser humano está en el mismo medio del campo visual, pero el cerebro ignora este hecho y nos permite ver sin notar el obstáculo que tenemos de frente.

Otra cosa curiosa, de acuerdo a los estudiosos de la materia, el cerebro permite a uno verse cinco veces más bonito de lo que realmente uno es.

Mirándome detenidamente frente al espejo, mi conclusión fue que mi fealdad está cabrona...

DE LA VIDA REAL: ANÉCDOTA

Cuenta una compañera de Josué una anécdota ocurrida cuando ambos estudiaban en la Escuela intermedia de Salinas.

El maestro analizaba el contenido de una novela ante el grupo. Josué, como era su costumbre, estaba espaciado haciendo comentarios sobre el caballo del Quijote, que no tenían relación alguna con el tema. El maestro, muy incómodo, le ordenó que abandonara el salón junto al Quijote y su caballo. La respuesta de Josué no se hizo esperar:

"—Me iré del salón junto al Quijote, pero tendré que dejar el caballo, porque se quedaría sin maestro el grupo".

VIEJO VERDE... ¿O REALISTA?

El doctor Felo Díaz, mi médico de cabecera, siempre ha estado muy contento con la forma y manera como cuido mi salud.

—Estás como coco.

—Te cuidas mejor que los jóvenes. Nuestra juventud no se preocupa por su salud. Para colmo, los asesinan por docenas, la mayoría de ellos casados.

Abrí los ojos y le dije:

— ¿Quién, entonces, se hará cargo de esas niñas en el futuro?

ELEGÍA A UN AMOR IMPOSIBLE

Realmente es una locura vivir obsesionado y apegado al recuerdo de lo sucedido hace cuarenta y tantos años. Peor cuando no es solo recordar sino vivir cada minuto perseguido por el recuerdo.

Jerome y Alaixa eran dos seres que desde el primer momento vivieron un tórrido amor, a sabiendas que el desenlace al final sería un amor imposible.

Ella llegó un año tarde al escenario, radiante, bella y llena de amor. Él, inexperto, con un compromiso establecido, sin saber realmente cuál era su destino. Vivieron al margen del mundo convencional, creyendo él que en algún momento cambiaría su circunstancia.

A pesar de todo, fue espectacular la forma como se desarrolló la doble vida de estos dos seres, entregándose al amor en todo momento. Ella con una fe ciega en que vencería; él sin saber cuál rumbo seguir, hasta el extremo de llegar al engaño.

Cuarenta y pico de años y aun ella sola, con la idea de que el odio es el antídoto natural. Él, pensando en un desenlace espectacular que pueda remediar su gran error y poder en algún momento honrar el compromiso prometido tantas veces. Ella aparentaba haber logrado sobrevivir el episodio, abrazada como podía al Creador. Él, disfrutando en sus recuerdos los minutos dulces con ella, sólo pensando en su compromiso, aunque totalmente marchito. pero con cláusula de "hasta que la muerte los separe" para tratar de recuperar aquel amor que ella le brindó a cambio de nada.

EL BAILARÍN

Tendría algunos doce años y aún era miembro del grupo de bailes de la profesora Moreno. El vestuario era blanco y llevaba una banda azul en la cintura.

Antes de entrar al escenario la profesora se acercó y le dijo al oído:

—El pantalón está muy pegado y ya necesitas usar pantaloncillos.

Aún lo están esperando para la próxima presentación...

JUGADA ATLÉTICA

El Ayudante Especial le advierte al mandatario:

—Se acercan los Juegos y tenemos a una serie de atletas con algunas dificultades económicas. ¿Cómo los vamos a ayudar?

El mandatario, al momento y sin pensarlo dos veces, dijo:

— Prepárale a cada uno una Proclama de felicitación y los citas a la plaza. Tú mismo se las entrega y con esto les llenamos el ego.

Salió apresurado a proclamar la obra del Alcalde en pro del deporte.

EL PATRIOTA

Félix Ortiz, mi querido amigo, ama tanto a su tierra que lo demuestra a la menor provocación. Sucede que alguien le ha programado su teléfono celular con un sonido tan peculiar, que cada vez que suena, antes de poder contestar la llamada, tiene que levantar la enorme mole corporal que posee para honrar nuestra Borinqueña...

BANCARROTA

Nació de cuna humilde, pero sus hijos son de cuna de oro. Faltó el tronco principal y las ramas quebraron...

EL ALEMÁN ATACA

Uno de esos días que me levanté con un ánimo extraordinario de comprar y comprar decidí visitar la ciudad de Ponce. Desde que salí de mi hogar el ánimo fue decayendo al apoderarse de mí una especie de dolor muscular, especialmente en las piernas.

A medida que fue pasando el día y debido a que anduve todo Home Depot, Office Max, y Plaza del Caribe, el dolor muscular se tornó insoportable. Decidí sentarme un rato a descansar mis adoloridos pies. Ya sin ánimo ninguno me percato de que mis zapatos estaban al revés.

Lo único que se me vino a la mente fue pensar "qué dolor muscular ni qué ocho cuartos". ¿No será que me acecha un mal con nombre alemán...?

FOBIA AÉREA

Es tanta la fobia que mi esposa siente al tener que abordar un avión, que le es necesario tomarse una de esas pastillitas que ayudan a controlar los nervios antes del vuelo. En nuestro último viaje, ella, como siempre hace, calculó el tiempo necesario para el efecto de la pastilla, pero no contó con el atraso del vuelo ese día. En pleno vuelo le pedí a la sobrecargo si tenía algo que pudiera calmarle los nervios a mi esposa. Le trajo una Cuba Libre, la cual sirvió para calmar los míos.

DOBLE OFENSA

A minutos de tomar la comunión se le acerca y le pregunta al oído:
— ¿Cuál es el tamaño de tu cama?
Un tanto sorprendida por el momento, la joven contestó:
—"Queen"...
—Así estás tú de ancha...
—El cuerpo de Cristo...
—Amén...

LA TREPADORA

Me conoció en el banco un día tres del mes.

Me halagó mis canas y sus ojos me aseguraron que quería comer "biftec".

Me la llevé a lo que se imaginó sería su gran noche.

Yo me harté, ella tuvo que conformarse con un "happy meal".

Para que aprenda a trepar palos...

EL PACTO

Gumersinda era una bella joven del sector La Zanja de Salinas. Su especialidad... la brujería.

Una noche desapareció del barrio sin dejar rastro. Varios días después, al oír sus gritos, fue encontrada en un campo de mayas hablando incoherencias... sólo se le entendía decir:

— "El pacto falló... el pacto falló... el pacto falló".

Su melena color azabache se había convertido en una maranta de pelo blanco.

Muchos años después aún repetía:

—"El pacto falló... el pacto falló... el pacto falló."

EL IMPLANTE

La ciencia ha avanzado tanto que Dios le ha permitido el hacerle cambios a su mayor creación: el ser humano.

Tengo un amigo que se sometió a una cirugía de corazón abierto donde había que reemplazarle una válvula. El médico le ofreció tres alternativas:

La quieres de metal, de cerdo o de vaca.

El hombre, muy agradecido luego del implante le dijo al médico:

—Muuuu... chas gracias.

¡QUÉ PANTALONES!

Además de ir sobre el límite de la velocidad, el conductor le hace un pase indebido a la propia patrulla de carreteras.

Cuando logra el agente alcanzarlo, el conductor le pregunta:

—Oficial, ¿tiene usted algún problema?

—El que tiene problema es usted, pero siga su camino porque la cuota de locos la completé temprano en la mañana.

EL PROFETA

Sitio: Punta Salinas,

Promesa: contacto del tercer tipo,

Hora: sobre la 1:30 de la madrugada,

Resultado: negativo...

Habíamos demasiados incrédulos en la muchedumbre...

MALDADES INFANTILES

Yo tendría cinco años cuando ocurrió este suceso.

Mi abuela Maximina solía narrarnos cuentos en las primeras horas de la noche antes de enviarnos a la cama.

Aunque sospecho que para esa época no existía la noche de las brujas, el cuento de aquella noche fue tan espeluznante y misterioso que se me fue helando la sangre y tuve que adelantar el viaje de rutina al baño antes de acostarme.

Al regresar a mi cama, de momento sentí un ruido espantoso de algo volando sobre mí y ahí termine la parte que no logré hacer en la letrina. A mis ensordecedores gritos llegó a mi cuarto toda la familia excepto Coco, mi hermano mayor, quien se desternillaba de la risa en el balcón, celebrando cuán lejos voló la bomba* que había inflado...

Bomba: globo inflable

EL ASEO DIARIO

Él es el hombre que al asearse lo hace de forma completa y cuidadosa. Al bañarse ya es un rito el introducir unos "QTips" en sus oídos para que estos recojan la humedad que entra a sus orejas. Luego de la afeitada, vinieron las famosas gaznatadas con el Aqua Velva.

Aún están tratando de reconstruir el tímpano de uno de sus oídos...

LA FLOR, LA MAMÁ Y EL CANTANTE

Llegó el cantante y se prendió de la flor...
—Solo un televisor "de color" necesito...
En pocos minutos cortó la flor... y la mamá pudo encender su televisor de carapacho color azul...

EL MARCHANTE

El negocio acababa de abrir. Para atender a los parroquianos que de inmediato llenaron la tienda, estaban solo el papá y el hijo. En el clímax del día cuando los clientes ya van por la novena o décima bebida, aparece un marchante al cual el papá tuvo que atender.

En la conversación de rigor el marchante pregunta también por la salud del padre del papá, a lo que de inmediato el papá contesta:

—Todo muy bien con el viejo.

Tan pronto se va el marchante, el hijo un tanto preocupado le pregunta a su papá:

— ¿Tú oíste bien por quién te preguntaron?

Él ripostó de inmediato:

—Claro que sí... lo que pasa es que si le hubiera dicho que había muerto tendría que explicarle cuándo y de qué, si estuvo enfermo, si murió en la casa... Con decirle que todo estaba bien pude venir a ayudarte a bregar con nuestra clientela.

— ¡Dame un round, Angelito!

VACUNADO

El guapetón de la escuela, cuando tenía a su alcance al zángano le daba su burrunazo, y eso era a menudo.

Cuando llegó la BCG, muchos padres creían mataría a su nene.

El zángano se salvó, no así el guapetón, que lloraba a lágrima tendida con su brazo derecho "inquiñao".

Terminó en el hospital, no porque la vacuna le hiciera daño, sino de la soberana pela que le dio el zángano oportunista.

CAVILACIONES

Son las diez y dieciocho pasado el meridiano de una noche totalmente calmada. Donde hay bullicio es únicamente en la mente atribulada a causa de los enredos del día. Se trata de resolver lo que no se logró hacer, pero ya es tiempo pasado. Hay que empezar en cero, o buscar otro escenario.

EL ESTUDIANTE: ANÉCDOTA

En mis años de escuela superior conocí a un estudiante que era supervenido y arrogante. Siempre quería tener lo mejor, para demostrar su superioridad. Se llamaba Santiago y su tema diario era que iría a estudiar medicina en España, en la Universidad de Santiago de Compostela.

Como siempre pasa, en la mayoría de los casos, el amigo chocó de frente con la realidad, al no tener el promedio necesario para ingresar a tan prestigiosa institución.

De ahí en adelante sus compañeros de escuela le decían:

—"Compostela como puedas, Santiago"...

EL SUEÑO

Fui invitado a una actividad a celebrarse a las 5:30 de la madrugada. No quería perdérmela. Como no disponía de un reloj despertador, confiaba que el reloj natural me ayudaría a llegar a tiempo. Mi reloj, que en otras ocasiones había sido muy certero, esta vez sonaba cada media hora y de nuevo tenía que intentar conciliar el sueño.

Aturdido y soñoliento, decidí levantarme faltando cerca de una hora para la actividad, porque temí que el sueño me vencería. Así soñoliento me prepare para estar presente.

Cuando llegué a la plaza, busco estacionamiento y desde mi auto veo entrando al local a los hermanos Rodríguez Sosa junto a Edwin Ferrer y Roberto López. Faltaban aún unos veinte minutos para comenzar la actividad y cerré los ojos, sin sospechar que Morfeo me perseguía.

A las nueve y veinte de la mañana Monkey me despertó del sueño preguntándome:

— ¿Vas a brillar los zapatos?

.

¿UN NUEVO PEPITO?

Mi nieto Emanuel cumplirá los once años dentro de un par de meses y demuestra que usa su propio criterio para saber y analizar las diferentes situaciones del diario vivir. En esta época de navidad muchos, o la mayoría de los chicos de su generación, están disfrutando aún de la ilusión de que el día 24 de diciembre recibirán la visita del viejo gordo vestido de rojo y blanco, pese a que muchos de ellos son receptores de otras versiones por parte de sus compañeros de juegos.

A mi nieto siempre se le creó la duda pero pensó en su propio método de comprobación y éste le fue muy efectivo.

Llegó el momento clásico de que tenía que acostarse temprano, pues esa era la noche de la esperada visita. Él, como hijo obediente, cumplió el requisito de acostarse temprano, pero coger el sueño fueron otros veinte pesos.

Cerca de las dos de la madrugada mi hija Lili con mucho sigilo emprendió la tarea de acomodar debajo del árbol de navidad los consabidos regalos, pero sin percatarse de que Emanuel estaba esperando ese momento detrás del árbol.

Emanuel guardó silencio para no asustarla y únicamente le comentó al amanecer:

—"El viejo pipón vino, pero con un pequeño cambio: su uniforme ahora son unas pijamas"...

EL ASPIRANTE

Al aspirante político se le hacía imposible orinar.

El médico le indicó que para tener un diagnóstico claro de su situación, tendría que ir al laboratorio para chequearse la orina.

El aspirante de inmediato visitó el laboratorio y entró al baño.

Tres días después, y con los mismos síntomas, acudió a su médico y le dijo:

— Ya oriné en el laboratorio y ¿ahora qué hago?

El médico solo le dijo:

—Sigue con tus aspiraciones que ya se ve que vas por buen camino.

ACRÓSTICO A KARLA

K arla es tu nombre acompañado de Dilmarie
A todas luces se ve que eres un ángel
R efulgente que de todos te dejas querer
L o que nunca comprenderemos es cómo
A nuestro ser supremo te le escapaste del paraíso.

O fue que a nuestro Dios, con su gran sabiduría
R equirió tu presencia en nuestro mundo para que
T u alegraras nuestras vidas y nos dieras a todos la
I nmensa alegría que sentimos al verte. Calzar tus
Z apatos muchos quisieran, pero tú eres ¡única!

PÁGINA FINAL

Mis amigos, ya con esta nota y esta foto termino mi proyecto, y ya que utilizo este retrato como cierre, me vino a la mente el recuerdo de mi querida abuela Maximina, con la que tuve la dicha de compartir mi niñez, que siempre que me veía con un pataleo, hacía el siguiente comentario:

—Qué cara... qué gesto... ¡qué carajo es esto!

Printed in Dunstable, United Kingdom